구 약

시가서 편

52주 책별 성경공부 | 성경나무 기르기 제4권 |

[구 약] 시가서 편

지 은 이 · 노영상
펴 낸 이 · 성상건
편집디자인 · 자연DPS

펴 낸 날 · 2023년 6월 26일
펴 낸 곳 · 도서출판 나눔사
주　　소 · (우) 10270 경기도 고양시 덕양구 푸른마을로 15
　　　　　 301동 1505호
전　　화 · 02)359-3429　팩스 02)355-3429
등록번호 · 2-489호(1988년 2월 16일)
이 메 일 · nanumsa@hanmail.net

ⓒ 노영상, 2023

ISBN 978-89-7027-916-9-03230

값 5,000원
잘못된 책은 바꾸어 드립니다.

구 약

시가서 편

노영상(바이블아카데미 총장) 저

나눔사

목 차

영락교회 김운성 목사(사단법인 한국미디어선교회 이사장)

노영상 바이블아카데미 총장의 성경 공부 시리즈 책의 발간을 축하드립니다. ㈜한국미디어선교회 바이블아카데미의 총장으로 있으며 본 성경 공부 시리즈를 출간하게 되어 나름 큰 의의가 있다고 생각합니다. 바이블아카데미는 1982년에 설립되어 41년의 되어가는 전통 있는 온라인 성경공부를 위주로 하는 기관입니다. 특히 지난 3년여간 코로나19의 힘든 시절을 겪으며 한국교회가 예배의 모임도 어려운 시기를 지나면서, 온라인으로 그러한 시절을 극복하려 노력하였습니다. 이러한 때 바이블아카데미의 온라인 성경공부가 한국교회에 작은 힘이 되었는바 교회의 모임은 어려웠지만 집에서 성경을 공부하는 기회를 만들어주기도 했습니다.

이와 같이 지난날에 본 기관은 온라인 성경공부 위주로 성경공부를 활성화 하는 일에 노력하였다면, 앞으로는 성경공부를 보다 다양하게 할 수 있도록 준비하는 중입니다. 이전까지는 주로 온라인 성경공부에 치중하였지만 최근 들어 오프라인 성경공부 과정을 마련하였습니다. 제자 담임목회자로 있는 영락교회의 50주년기념관에서 한국의 저명 신학자들과 함께 하는 성경공부를 하고 있는데, 매주 성경의 한 권씩 마스터하는 과정으로 40여 분의 신자들이 참여하는 중입니다. 임석순 목사, 노영상 총장, 조병호 원장, 왕대일 교수, 송태근 목사, 최재덕 원장, 류호준 교수, 송병현 교수, 차준희 교수, 조광호 교수 등이 강사로 참여하고 있는 본 강좌는 오늘의 시대에 있어 가장 무게감 있는 성경공부 모임일 것이라 생각합니다.

다음으로 본 기관에선 성경공부를 위한 책들의 발간을 기획하는 중이며, 그의 일환으로 본 책을 준비하게 되었습니다. 나눔사에서 성경공부 교재로서 노영상 총장의 『성경 나무기르기』시리즈들이 계속 출간할 예정인데, 앞으로 10권까지 기획하고 있습니다. 이 책은 성도들이 그룹으로 공부하기 편리하게 편집된 책으로 많은 교회에서 사용되길 바라고 있습니다.

마지막으로 본 기관에선 목회자들과 평신도들이 성경을 재미있게 이해할 수 있도록 돕는 웹진과 독자적 성경공부를 위한 웹사이트를 만들어 스스로 성경연구를 할 수 있는 역량을 길러 주려는 계획을 하고 있습니다. 미국에서 만들어진 이런 계통의 많은 웹사이트들이 있는데, 이를 참조하고 링크하여 독자적 성경공부가 가능할 수 있도록 하려는 것입니다.

저희 바이블아카데미는 오늘의 한국교회를 새롭게 하는 데에 있어 가장 중요한 것이 성경으로 돌아가는 것이라 생각하고 있습니다. 이단이 난무하고 세상이 어지러워질수록 성경만이 이런 혼돈에서 우리를 구출할 수 있습니다. 이에 성경이 말하려는 핵심이 무엇인지를 빨리 깨달을 수 있도록 우리를 잘 인도할 수 있는 책이 필요한데, 이 책이 그러한 역할을 할 수 있는 책들 중 한 권이라 생각합니다. 한국교회는 성경을 파들어가는 사경회의 전통에서 성장한 교회입니다. 다시 한번 성경에 천착하는 교회가 됨으로 우리 교회의 밝은 미래를 바라볼 수 있으면 합니다.

<공부방법 소개>

본 책의 제목은 『52주 책별 성경공부: 성경 나무 기르기』
이다. 나무 한 그루를 정성껏 키우듯, 성경의 각 책들을 52주
에 나누어 배울 수 있도록 구성한 책이다. 이 책은 성경의 각
책들을 다음의 구성을 통해 정리하였다.

1) **씨알 고르기**: 씨알 고르기 및 씨 뿌리기의 이 단계는 각 책의 요
절과 주제를 찾는 작업이다. .

2) **뿌리내리기**: 위에서 검토된 주제를 신학적으로 심화하는 작업이
다. 주제에 대한 깊이 있는 반성이 이 부분에서 수행되어질 것이
다.

3) **줄기 세우기**: 이 부분은 성경의 각 책들에 대한 문단 나누기로 구
성되어 있다. 주제에 따른 전체 흐름의 전개를 정리한 부분이다.

4) **가지 뻗기**: 기본 줄기에서 발전된 문제들과 파생된 지류들을 이
부분에서 검토할 것이다.

5) **꽃으로 피어나기**: 각 책에서 가장 클라이맥스가 되는 장면 또는 구절을 소개하는 부분으로 각 성경의 책들이 우리에게 주는 핵심 메시지를 다시 정리하였다.

6) **열매 맺기**: 이 부분에서는 위의 내용을 우리의 실생활에 적용하는 측면을 다룰 것이다.

7) **열매 나누기**: 위의 성경공부 내용을 음미하고 기도하는 부분이다. 5개의 질문을 통해 서로 논의하는 시간을 가질 수 있게 하였다.

8) **참고문헌**: 각 책을 공부하는 데에 있어 요긴한 국내 참고문헌 3-4권, 외국 참고문헌 3-4권씩을 마지막에 소개하였다. 석의적인 주석책들보다는 신학적 주석책들을 선호하였다. 더 깊은 연구를 위해 참고가 될 것이다. 이곳의 참고문헌들은 대부분 장로회신학대학교의 도서관에서 찾을 수 있다.

9) **기타 물주기, 비료 주기, 햇볕 받기**: 나무가 열매를 맺으려면 씨만 있으면 되는 것이 아니다. 씨가 뿌려지는 토양, 하늘의 비와 햇빛 그리고 때에 맞은 손질과 비료 주기 또한 필요하다. 우리의 상황과 그에 따른 경험에 대한 분석, 성령의 영감, 여러 주석 및 다른 서적들에 대한 참조, 관련 신학적 주제들에 대한 연구 등은 우리의 성경공부를 더욱 풍성하게 할 것이라 생각한다.

   필자는 본 성경연구에서 그 책들과 성경의 저자들의 장황한 역사적 배경과 삶의 자리에 대한 설명을 하지 않았다. 오히려 현재의 모습으로 완결된 정경이 오늘을 사는 우리에게 주는 의미가 무엇인가 하는 문학비평적 입장을 중시하였다. 또한 필자는 성경을 읽고 연구하면서 가급적 그 책에 대한 선입견을 버리고 백지의 상태에서 성령의 도움을 바라며 성경을 읽으려 하였다. 나의 생각을 성경 속에 주입하는 것이 아니라, 성경이 말하는 바를 듣는 자세로 성경을 꼼꼼히 읽은 결과가 본 책이다.

먼저 성경 각 책의 주제를 추려낸 후 저자들이 그 주제를 각 성경의 책들에서 어떻게 전개하였는가를 검토하는 것에 본 책의 주안점을 두었다. 물론 각 책을 위해 설정된 주제에 대해 의견을 달리할 수도 있을 것이라 생각한다. 이에 이 책의 내용이 다양한 주제의 가능성을 어느 한 시야로 고정하는 것이 아닌가 하는 우려도 없는 바는 아니다.

또한 뒤에 몇몇의 참고문헌 목록을 덧붙였다. 지난 수십 여 년 간의 한국의 신학대학들에서 성경의 각 책들에 대해 연구한 석박사 학위논문들이 그 안에 많이 포함된 것을 볼 수 있을 것이다. 물론 이러한 모든 참고문헌들을 필자가 충분히 읽은 것은 아니며, 다만 필자가 각 책에서 논의하는 방향에 도움이 되는 자료들이므로 게재한 것이다. 그 참고문헌 중에 포함된 주석들 중에는 필자가 각 책에 있어 가장 중요하다고 생각하며 좋아하는 주석 한두 개 정도가 실려 있다. 나로서는 그 책들의 베스트 주석이라고 생각하는데, 다른 사람들의 의견은 어떨지 모르겠다. 노력하는 성경공부반이라면 위의 참고문헌의 자료들을 몇몇이 나눠 세미나를 통해 발표해가며, 필자의 의

견과 비교하면서 성경공부를 해나가면 더욱 유용한 결과를 얻을 수 있을 것이라 생각한다.

본 책을 공부할 땐 먼저 지도자의 설명을 포함하여 1시간 정도 함께 읽고 난 후, 30-40분 정도 시간을 내어 서로 토의하면 좋을 것이다. 강의 시 괄호 속의 성경 구절들을 성경을 펴서 함께 읽으면 공부가 더 효과적이 될 것이다. 토의 시엔 '열매 나누기' 부분의 토의안들을 참조할 수 있겠다. 토의는 각 조로 나누어 하면 효율적일 것이라 본다. 6-7명 정도가 한 조가 되어 30-40분 간 각 구성원이 3번 이상 말할 기회를 가질 수 있으면 좋겠다. 1년간 매주 성경공부를 하며 그 주간에 공부하는 책들을 한주 앞서 통독하고 오면 성경공부에 효과적일 것으로 보며, 그렇게 함으로 1년에 한 번의 성경통독을 할 수 있는 기회를 갖게 될 것이다.

이 책은 미국의 아틀란타연합장로교회, 광주기독병원, 영락교회 대학부, 동신교회 청년3부에서의 성경공부 결과로 만들어진 것이다. 처음에 했던 미국에서의 성경공부는 30년이 지났는바 세월의 무상함을 느낀다. 지난 동안 성경공부에 참석하여 함께 하나님의 말씀을 나누었던 많은 분들께 감사의 말을 전하고 싶다.

성경은 나의 일생의 동반자였다. 필자는 성경 속에서 삶을 배우고, 지혜를 얻었으며, 위로를 찾았었다. 그간 필자에게 큰 힘이 되었던 성경에 대한 연구를 이 같은 작은 책으로나

마 엮어 함께 은혜를 나누게 된 것을 기쁘게 생각한다. 이 책은 2002년 예영커뮤니케이션에서 앞서 출간된 적이 있었는데, 20년이 지나 수정할 부분도 상당히 있어 개정한 다음 분책하여 다시 내놓게 되었다. 앞 책에 대한 전면 개정판으로 보면 될 것이다. 이 책이 초신자 및 신학생들의 성경공부와 기타 여러 성경공부반을 위한 교재로 두루 쓰인다면 그것은 필자의 커다란 기쁨이 될 것이다. 마지막으로 이 책의 출간을 허락하여 주신 나눔사의 성상건 대표께 심심한 감사의 말을 전하며 앞머리의 글을 가름한다.

2023년 5월 명일동 집에서

노영상

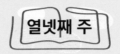

열넷째 주

욥기
의인도 불행할 수 있다

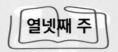

욥기: 의인도 불행할 수 있다

　　욥기는 의인이 받는 고난의 문제에 대해 집중하는 책이다. 보통이 경우 악을 행하면 저주와 벌을 받고 선을 행할 경우 하나님으로부터 복을 받게 되는데, 욥기에서 욥은 의인임에도 불구하고 온갖 어려움을 당하게 된다. 이에 욥의 세 친구, 빌닷, 소발, 엘리바스 등은 인간이 당하는 고난을 해석하는 전통적인 원리인 인과응보의 원칙에 의거하여 욥에게 회개할 것을 주문하였는데, 욥은 그러한 친구들의 주장이 정당치 않은 것임을 강변하였다. 욥기는 인간의 불행을 해석하는 인과응보 법칙의 한계를 제시하며 더 깊은 하나님의 뜻에 대해 설명하는 책으로, 결국 욥과 같이 의인으로 여겨지는 사람들도 전능하는 하나님 앞에선 허물 많은 죄인들임을 말하고 있으며, 욥도 이러한 견해에 대해 최종적으로 승복하고 있다.

1. 씨알 고르기

1) 요절 욥기 42장 2-6절

"주께서는 못 하실 일이 없사오며 무슨 계획이든지 못 이루실 것이 없는 줄 아오니, 무지한 말로 이치를 가리는 자가 누구니이까 나는 깨닫지도 못한 일을 말하였고 스스로 알 수도 없고 헤아리기도 어려운 일을 말하였나이다. 내가 말하겠사오니 주는 들으시고 내가 주께 묻겠사오니 주여 내게 알게 하옵소서. 내가 주께 대하여 귀로 듣기만 하였사오나 이제는 눈으로 주를 뵈옵나이다. 그러므로 내가 스스로 거두어들이고 티끌과 재 가운데에서 회개하나이다."

2) 주제: 의인도 불행할 수 있다

2. 뿌리 내리기

욥기에는 욥과 그의 세 친구들 사이에 인간의 고난 문제에 대한 세 번에 걸친 논쟁이 나타난다. 욥의 친구들은 인과응보적 원리에게 욥의 고난을 해석하고 있으며, 욥은 인과응보적 논리만으로는 자신의 고통을 해석할 수 없음을 말한다. 오히려 욥기는 인과응보의 사상을 강력히 부인하고 있다. 욥은 죄 때문에 고난받은 것이 아니었다(사탄이 증거 1:8, 자신의 증거 13:18, 32:1, 하나님의 증거 42:9).

욥은 뜻하지 않은 고통을 당한다. 그는 그의 재산과 자녀와 건강을 잃게 된다. 그의 친구 엘리바스, 소발, 빌닷, 엘리후 등은 욥에게 찾아와 위로한다며, 그가 무슨 잘못을 하였기 때문에 이런 고통이 임한 것이므로 그 고통의 원인이 되는 자신의 죄를 곰곰이 생각해보아야 한다고 하였다. 그러나 하나님께서는 욥의 친구들의 말이 틀렸다고 한다. 욥기 42장 7절은 엘리바스를 위시한 욥의 친구들의 말이 틀렸으므로, 욥에게 오히려 사과를 하여야 한다고 하나님께서는 말씀하신다.

하나님께서는 그의 행위에 따라서만 상벌을 주시는 분은 아니시다. 그는 무엇이든지 하실 수 있는 자유를 가진 분으로서, 우리는 전적으로 그를 섭리와 통치에 의지해야 한다(롬 9:15,16,19-23, 단 3:17-18). 욥과 같은 의인까지라도 하나님의 구속이 은총이 필요한 죄인들로서(욥 15:14-16), 욥기는 다음과 같은 욥의 고백으로 마무리되고 있다.

그러므로 내가 스스로 거두어들이고 티끌과 재 가운데에서 회개하나이다(욥 42:6).

3. 줄기 세우기

장	대구분	장절	소구분
욥기 1-3장	욥의 고통이 시작	1:1-5	욥의 행복한 생활
		1:6-22	사탄의 첫 번째 공격으로 재산과 자녀를 잃고 불행에 빠지게 되는 욥
		2:1-10	사탄의 두 번째 공격으로 욥의 건강이 상하게 됨
		2:11-13	욥의 친구 엘리바스, 빌닷, 소발이 욥을 위로하러 옴
		3:1-25	고통에 괴로워하는 욥
4-14장	욥과 욥의 친구들 사이의 첫 번째 대화	4-5장	욥의 고난에 대한 엘리바스의 해석
		6-7장	엘리바스의 말에 대한 욥의 응답
		8장	빌닷의 해석
		9-10장	빌닷에 대한 욥의 응답
		11장	소발의 해석
		12-14장	소발에 대한 욥의 응답
15-21장	욥과 욥의 친구들 사이의 두 번째 대화	15장	엘리바스의 두 번째 말
		16-17장	엘리바스에 대한 욥의 응답
		18장	빌닷의 두 번째 말
		19장	빌닷에 대한 욥의 응답
		20장	소발의 두 번째 말
		21장	소발에 대한 욥의 응답
22-26장	욥과 욥의 친구들 사이의 세 번째 대화	22장	엘리바스의 세 번째 말
		23-24장	엘리바스에 대한 욥의 응답
		25장	빌닷의 세 번째 말
		26장	빌닷에 대한 욥의 응답

장	대구분	장절	소구분
27-31장	욥의 마지막 자기변호	27-28장	욥의 첫 번째 변론
		29-31:34	욥의 두 번째 변론
		31:35-40	하나님께서 판단해주실 것을 앙망함
32-37장	엘리후가 논쟁에 끼어들어 중재함	32장	엘리후가 대화의 내용을 다 듣고 중재자적인 입장에서 끼어듦
		33장	엘리후의 첫 번째 충고
		34장	엘리후의 두 번째 충고
		35장	엘리후의 세 번째 충고
		36-37장	하나님의 깊은 뜻과 정의로움을 충분히 알 수 있는 사람은 없음
38-42장	욥기의 결론: 고난으로부터 해방된 욥	38-40:2	하나님께서 욥에게 첫 번째 하신 말씀
		40:3-5	욥의 첫 번째 응답
		40:6-41:34	하나님께서 욥에게 두 번째 하신 말씀
		42:1-6	욥의 두 번째 응답: 회개할 것이 없는 의인은 없음을 깨달음
		42:7-17	행복을 다시 찾은 욥

4. 가지 뻗기

이와 같이 욥기는 인간이 겪는 고통의 문제를 해석하는 책이다. 인간의 고통과 고난에 대한 전통적인 해석원리는 인과응보의 원칙으로, 모든 고난은 자신이 지은 악에 대한 응분의 대가라고 한다. 욥기 8장 8절은 이 고난에 대한 전통적 해석원리를 열조들이 터득한 일로 표현하고 있다.

> 청컨대 너는 옛 시대 사람에게 물으며 열조의 터득한 일을 배울지어다.

신명기 30장 15-18절의 말씀은 우리에게 하나님이 명한 바를 지키면 복을 받을 것이며, 어기면 벌을 받을 것이라고 전통적 해석을 강조하고 있다. 이러한 고난에 대한 인과응보의 사상 이외의 가능한 한 대안은, 자신의 죄와 상관없이 고난이 무작위로 임한다는 해석밖에 없는데, 고난이 무작위로 임한다고 해석하면 다음의 문제들이 발생한다.

1) 종교적인 문제(하나님의 공의에 대한 문제)

우선 하나님이 인간의 행위에 의거하여 행불행을 주시는 것이 아니라면, 곧 잘한 사람에게도 벌이 주어지고 잘못한 사람에게 상이 주어진다면, 그러한 하나님의 통치는 정의로운 것이라 할 수 없게 된다. 욥기 8:3-4에서 빌닷은 욥에게 다음과 같이 말한다.

> 하나님이 어찌 정의를 굽게 하시겠으며 전능하신 이가 어찌 공의를 굽게 하시겠는가. 네 자녀들이 주께 죄를 지었으므로 주께서 그들을 그 죄에 버려두셨나니.

이어 욥기 34장 12절에서 엘리후는 "진실로 하나님은 악을 행하지 아니하시며 전능자는 공의를 굽히지 아니하시느니라." 라고 히였다.

2) 도덕적인 문제

또한 선을 행하였는데 오히려 고난을 받는다면, 사람들에게 선을 권장할 수 없게 된다. 욥 1장 9-10절 말씀은 "욥이 어찌 까닭 없이 하나님을 경외 하리이까. 주께서 그와 그의 집과 그의 모든 소유물을 울타리로 두르심 때문이 아니니이까 주께서 그의 손으로 하는 바를 복되게 하사 그의 소유물이 땅에 넘치게 하셨음이니이다"라고 한다. 다음은 9장 29절 말씀이다.

> 내가 정죄하심을 당할진대 어찌 헛되이 수고(선한 행동)하리이까.

3) 심리적인 문제

마지막으로 심리적 안정의 문제가 있다. 우리는 선을 행함을 통하여 우리의 미래를 보장받고자 한다. 행복을 보장받고자 하는 것이 인간의 상정이다. 이에 있어 만약 인과응보의 원리가 무너진다면 인간은 그의 현재적 행동을 통해 미래의 행복을 보장받기 어렵게 된다.

내가 두려워하는 그것이 내게 임하고 내가 무서워하는 그것이 내 몸
에 미쳤구나. 나에게는 평온도 없고 안일도 없고 휴식도 없고 다만
불안만이 있구나(욥 3:25-26).

이와 같이 고난에 대한 인과응보적 해석의 원리는 부인하
기가 쉽지 않다. 이에 인과응보의 입장에서 욥은 하나님께 다
음과 같은 고통스런 질문을 하고 있다.

나의 불법과 죄가 얼마나 많으니까 나의 허물과 죄를 내게 알게
하소서(욥 13:23).

자신은 친구들의 말과 같이 인과응보의 원칙에 동의할 수
없으므로, 그것이 욥에게 더 큰 번민과 고통이 되었음을 욥기
31장 6-8절은 말하고 있다.

하나님께서 나를 공평한 저울에 달아보시고 그가 나의 온전함을
아시기를 바라노라. 만일 내 걸음이 길에서 떠났거나 내 마음이 내
눈을 따랐거나 내 손에 더러운 것이 묻었다면, 내가 심은 것을 타
인이 먹으며 나의 소출이 뿌리째 뽑히기를 바라노라.

하지만 고난에 대한 이와 같은 인과응보적 해석에는 몇 가
지의 문제점이 있다.

1) 고통당하는 사람을 위로할 수 없음

먼저는 고난당하는 사람에게 죄인이라는 비난이 덧씌우게 되어 그의 고난이 가중되며, 이웃의 위로가 필요한 때임에도 불구하고 그들의 조롱스런 눈초리를 앞서 의식하게 된다.

> 나의 친구는 나를 조롱하고 내 눈은 하나님을 향하여 눈물을 흘리니, 사람과 하나님 사이에와 인자와 그 이웃 사이에 중재하시기를 원하노니(욥 16:20-21).

> 너희가 내 마음을 괴롭히며 말로 나를 짓부수기를 어느 때까지 하겠느냐.... 비록 내게 허물이 있다 할지라도 그 허물이 내게만 있느냐(욥 19:2-6).

> 나의 형제들이 나를 멀리 떠나게 하시니 나를 아는 모든 사람이 내게 낯선 사람이 되었구나. 내 친척은 나를 버렸으며 가까운 친지들은 나를 잊었구나(욥 19:13-14).

> 네가 힘없는 자를 참 잘도 도와주는구나 기력 없는 팔을 참 잘도 구원하여 주는구나(욥 26:2).

고난당하는 사람을 찾아가 그 고난의 현실에 동참하고 위로해주지는 못하고, 욥의 친구들은 욥 앞에 인과응보의 원칙을 말하며 냉담히 서 있었다. 우리가 중병에 걸린 사람에게 찾아가 교회에 잘 안 나오고 신앙생활을 열심히 안 해서 이런 일이 일어났다고 말한다면, 그러한 심방은 참 위로의 심방이 되지 못할 것이다.

2) 자유로우신 하나님의 문제

다음으로 인과응보의 원리 속엔 내가 하나님을 조정하려는 의도가 숨어있다. 내가 죄를 안 졌으니 하나님은 나에게 고통을 주셔서는 안 된다는 논리가 그 속에 숨어있다. 곧 하나님을 하나님 스스로 하신 명령에 감금하여 하나님도 그 원칙 안으로만 묶어 두려하는 것이 된다. 그러나 하나님께서는 어떤 원리가 아니시며 자유로운 인격체로서, 그는 무엇이든 할 수 있는 분이심을 우리는 알아야 한다. 욥기 42장 2절의 말씀이다.

> 주께서는 못 하실 일이 없사오며 무슨 계획이든지 못 이루실 것이 없는 줄 아오니.

하나님께서는 자유로우신 분이시라는 것이다. 하나님은 인간의 행위에 따라서만 상벌을 주시는 분만은 아니시다. 그는 무엇이든지 하실 수 있는 자유를 가진 분으로서 우리는 전적으로 그를 의지해야 한다.

3) 기복신앙의 문제

또한 인과응보의 사상은 우리가 하나님의 벌이 두려워 죄를 짓지 않으며, 복 받기 위해 하나님을 섬기는 기복적 신앙을 야기한다. 이에 사탄은 욥이 기복 신앙의 바탕에서 하나님을 경외하는 것이라고 하나님께 말하고 있다. 기복신앙은 진정한 신앙이 아니라는 견지에서 욥기 1장 9-11절은 다음과 같이 말한다.

> 사탄이 여호와께 대답하여 이르되 욥이 어찌 까닭 없이 하나님을 경외하리이까. 주께서 그와 그의 집과 그의 모든 소유물을 울타리로 두르심 때문이 아니니이까 주께서 그의 손으로 하는 바를 복되게 하사 그의 소유물이 땅에 넘치게 하셨음이니이다. 이제 주의 손을 펴서 그의 모든 소유물을 치소서 그리하시면 틀림없이 주를 향하여 욕하지 않겠나이까.

5. 꽃으로 피어나기

이에 있어 욥기는 인간의 고통에 대한 인과응보적 해석을 강력히 부인한다. 인간의 고통이 그의 죄 때문에만 임하는 것만 아니라는 것이다. 성문서 중 잠언은 상당히 인과응보적 견지에서 쓰인 책이며, 욥기는 인과응보의 법칙이 통하지 않는 경우에 대해 설명하는 책인 반면, 시편은 인과응보의 입장이 맞을 때도 있고 맞지 않을 때도 있는 경우들이 섞여 있음을 보게 된다.

욥기는 욥에 대하여 말하며 그가 흠이 없는 사람이었음을 누차 언급하면서, 욥은 그의 죄 때문에 고난받은 것이 아니었음을 강력히 주장한다.

1) 먼저 하나님께서 욥의 죄 없음을 인정함

여호와께서 사탄에게 이르시되 네가 내 종 욥을 주의하여 보았느냐 그와 같이 온전하고 정직하여 하나님을 경외하며 악에서 떠난 자는 세상에 없느니라(욥 1:8).

2) 다음으로 욥 자신도 그의 의로움을 강변하고 있음

보라 내가 내 사정을 진술하였거니와 내가 정의롭다 함을 얻을 줄 아노라(욥 13:18).

욥이 자신을 의인으로 여기므로 그 세 사람이 말을 그치니(욥 32:1).

3) 마지막으로 하나님께서는 욥의 세 친구의 인과응보적 입장이 틀렸음을 말함

욥은 그의 죄 때문에 고난을 받은 것만은 아니라는 것이다. 욥기 42장 7절의 말씀이다.

> 여호와께서 욥에게 이 말씀을 하신 후에 여호와께서 데만 사람 엘리바스에게 이르시되 내가 너와 네 두 친구에게 노하나니 이는 너희가 나를 가리켜 말한 것이 내 종 욥의 말 같이 옳지 못함이니라.

우리는 가끔 어려움을 당한 사람들에게 가서 그가 무슨 잘못을 했기 때문에 이런 일이 일어난 것이라고 말하곤 한다. 하지만 이 세상에는 선하고 의롭게 살았음에도 고통을 당하는 사람들이 얼마든지 많다. 욥은 의로웠음에도 불구하고 고난이 있었음을 욥기는 언급한다. 이에 우리는 인간의 모든 불행을 인과응보적으로만 해석하려는 경향을 버려야 할 것이다. 그러한 인과응보적 충고는 고통당하는 자들에게 어떤 위로도 되지 않는다. 그러므로 우리는 고난 당하는 자에게 찾아가 회개하여야 그것으로부터 벗어날 수 있다는 주장을 강하게 해서는 안 될 것이다. 전도서 7장 15절은 다음과 같이 언급한다.

> 내 허무한 날을 사는 동안 내가 그 모든 일을 살펴보았더니 자기의 의로움에도 불구하고 멸망하는 의인이 있고 자기의 악행에도 불구하고 장수하는 악인이 있으니.

인과응보적 견해 곧 하나님께서는 선을 행하는 자를 복 주시고 악을 행하는 자에게 고난을 주신다는 입장은, 우리의 신앙을 기복신앙의 수준으로 머무르게 할 수 있는 것으로, 다니

엘서 등은 우리가 기복신앙의 수준을 극복해야 할 것을 강조한다.

> 왕이여 우리가 섬기는 하나님이 계시다면 우리를 맹렬히 타는 풀무 불 가운데에서 능히 건져내시겠고 왕의 손에서도 건져내시리이다. 그렇게 하지 아니하실지라도 왕이여 우리가 왕의 신들을 섬기지도 아니하고 왕이 세우신 금 신상에게 절하지도 아니할 줄을 아옵소서 (단 3:17-18).

> 비록 무화과나무가 무성하지 못하며 포도나무에 열매가 없으며 감람나무에 소출이 없으며 밭에 먹을 것이 없으며 우리에 양이 없으며 외양간에 소가 없을지라도, 나는 여호와로 말미암아 즐거워하며 나의 구원의 하나님으로 말미암아 기뻐하리로다(하 3:17-18).

이 본문들은 기복신앙을 넘어서는 신앙에 대해 설명한다. 하나님께서 우리를 구해주시거나 축복하시지 않을지라도 우리는 하나님을 섬기는 것을 포기해선 안 된다. 주님께서는 그가 우리에게 복을 주시기 때문에 그를 믿는 것을 바라시지마는 않으신다. 혹 어떤 때 우리의 삶에 어려움이 있더라도 믿음을 져버리지 않는 자들이 될 때 하나님께서는 더욱 기뻐하실 것이다.

6. 열매 맺기

그러므로 고난의 때 주님 왜 나에게 이런 고통을 주십니까, 그래도 내가 선하게 살지 않았습니까라고 접근하는 한 그런 문제가 해소될 수 없음을 알아야 할 것이다. 고난은 그가 의인이든 죄인이든 누구에게나 무작위로 임할 수 있는 것으로, 내가 무슨 잘못을 해서 이런 일이 나에게 일어난 것인지 너무 고민하며 고통스러워 할 필요는 없다.

우리는 우주와 자연이 움직이는 이치, 지구 위 생명체들 속에 있는 생명의 원리 등을 우리의 좁은 소견으로는 다 이해할 수 없는 유한한 존재들이다. 인간은 모든 것을 다 이해할 수 없는 존재들로서, 인간이 가장 알 수 없는 것들 중 하나가 인간에게 행복과 불행이 어떻게 찾아오는가 하는 것이다.

이에 우리는 하나님의 피조물로서 하나님이 하시는 일을 조용히 기다려보는 수밖에 없다. 욥기 38장 3-4절은 이 같은 하나님께서 하시는 신묘막측한 행동을 다음의 말로 언급한다.

> 너는 대장부처럼 허리를 묶고 내가 네게 묻는 것을 대답할지니라. 내가 땅의 기초를 놓을 때에 네가 어디 있었느냐 네가 깨달아 알았거든 말할지니라.

인간은 모든 일을 다 알 수 없다. 나에게 왜 이런 불행이 임하였는지, 이런 행운이 온 것인지 다 파악하는 것이란 불가능하다. 우리는 유한한 존재들로서 하나님께서 하시는 모든 일들과 이 세상에서 일어나는 모든 일들을 다 이해하려고 해서는 안 된다고 생각한다.

우리는 스스로를 의롭다 생각하기 쉬우나, 하나님 보시기에는 그렇지 않다는 것을 깨달을 필요가 있다. 성경은 우리가 모두 마땅히 죽을 수밖에 없는 죄인들로서, 하나님의 은혜가 아니라면 고통과 멸망의 삶을 살 수밖에 없는 존재들임을 강조한다.

> 기록된 바 의인은 없나니 하나도 없으며, 깨닫는 자도 없고 하나님을 찾는 자도 없고, 다 치우쳐 함께 무익하게 되고 선을 행하는 자는 없나니 하나도 없도다(롬 3:10-12).

욥은 스스로 자신을 의인이라고 생각하였지만, 하나님의 시각에선 모든 인간들이 다 흉악한 죄인들로서, 죽어 마땅한 존재들임을 성경은 말하고 있다. 욥기 42장 1-6절의 말씀이다.

> 욥이 여호와께 대답하여 이르되, 주께서는 못 하실 일이 없사오며 무슨 계획이든지 못 이루실 것이 없는 줄 아오니, 무지한 말로 이치를 가리는 자가 누구니이까 나는 깨닫지도 못한 일을 말하였고 스스로 알 수도 없고 헤아리기도 어려운 일을 말하였나이다. 내가 말하겠사오니 주는 들으시고 내가 주께 묻겠사오니 주여 내게 알

게 하옵소서. 내가 주께 대하여 귀로 듣기만 하였사오나 이제는 눈으로 주를 뵈옵나이다. 그러므로 내가 스스로 거두어들이고 티끌과 재 가운데에서 회개하나이다.

위의 본문은 두 가지를 말한다. 먼저 주님은 못하실 일이 없는 분이라는 것이다. 하나님께서는 의인에게 행복을 보장해주실 수도 있지만, 불행을 주실 수도 있는 분이라는 것을 알아야 한다. 다음으로 본문은 욥과 같은 의인도 회개할 것이 있음을 강조한다. 그러므로 우리는 항상 겸손히 자기를 반성하는 자세를 가지고, 고통의 한 가운데 서서 자신을 성찰하며 스스로의 죄를 정화하면서 살아 나가는 것이 중요하다.

그러나 사람이 회개치 않는 또 다른 이유가 있는데 그것은 교만 때문이다. 마지막으로 욥에게 조언을 하였던 친구 엘리후는 이 문제를 잘 분석하고 있다. 욥의 세 친구 엘리바스, 빌닷, 소발의 입장은 인과응보의 전통적 견해였다. 욥이 하나님 앞에서 죄를 지었기 때문에 그러한 불행이 임한 것이라는 것이다. 이에 대해 엘리후는 죄 때문에 인간에게 고난이 임한다는 인과응보의 생각은 꼭 맞는 것은 아니며, 어떤 때는 그러한 인과응보의 원칙이 무너질 때도 있다고 말한다. 그러나 우리는 이러한 인과응보의 원칙이 무너진 것 같아 보일 때에도 하나님께 불평해서는 안 된다. 그것은 자신의 우둔한 지혜로 주님께서 하시는 신묘막측한 일들을 판단하려는 것이 된다. 주님 앞에서 그와 같은 교만한 생각을 갖기보다는 겸손히 자신의 삶을 돌아보는 자세가 필요하다고 엘리후는 충고한다.

욥의 진정한 잘못은 그가 죄를 지었다는 데에 있는 것이기보다, 하나님 앞에 자신을 의롭다고 생각하는 교만이라 지적한다. 욥은 자신이 죄를 안 지은 의인일 수 있다는 생각을 할수 있을런지 모른다. 그러나 그도 한 명의 죄인으로서 하나님 앞에서 자신의 불행에 대해 그렇게 항변을 하는 것은 교만한 일이라고 엘리후는 말하고 있다. 욥기 33장 17절에서 엘리후는 욥에게 다음과 같이 충고한다.

> 이는 사람에게 그의 행실을 버리게 하려 하심이며 사람의 교만을 막으려 하심이라.

고통의 순간 우리는 언제나 겸손한 마음으로 조용히 자신을 성찰할 수 있어야 할 것이다. 인간은 하나님 앞에서 질그릇과 같은 존재로서, 그가 하시는 모든 일들을 다 이해할 수 없는 연약한 존재들이다. 이에 가만히 입 다물고, 참고 겸손히 행하여, 회개하면, 그러한 고난은 지나가게 될 것이라고 욥기는 말한다.

욥기 마지막 장의 10절은 다음과 같이 되어 있다.

> 욥이 그의 친구들을 위하여 기도할 때 여호와께서 욥의 곤경을 돌이
> 키시고 여호와께서 욥에게 이전 모든 소유보다 갑절이나 주신지라
> (욥 42:10).

이어 욥기 42장 12-17절의 말씀이다.

> 여호와께서 욥의 말년에 욥에게 처음보다 더 복을 주시니 그가 양
> 만 사천과 낙타 육천과 소 천 겨리와 암나귀 천을 두었고, 또 아들
> 일곱과 딸 셋을 두었으며, 그가 첫째 딸은 여미마라 이름하였고 둘
> 째 딸은 긋시아라 이름하였고 셋째 딸은 게렌합북이라 이름 하였
> 으니, 모든 땅에서 욥의 딸들처럼 아리따운 여자가 없었더라 그들
> 의 아버지가 그들에게 그들의 오라비들처럼 기업을 주었더라. 그
> 후에 욥이 백사십 년을 살며 아들과 손자 사 대를 보았고, 욥이 늙
> 어 나이가 차서 죽었더라.

조금 참으면 욥과 같은 두 배 이상의 축복이 기다리고 있다
는 것을 모두 믿어야 할 것이다. 하나님께서는 욥을 시험하신
것이다. 하나님께서는 욥을 시험하신 후 그에게 갑절의 축복
을 내리셨다. 우리는 연단을 통해 더 강하게 되며 더 큰 축복의
자리에 들어가게 된다.

그러므로 고난이 있을 때 너무 두려워하거나 어려워하지
말고, 조용히 기다리는 삶을 살아가길 바란다. 우리가 모든 것
을 다 파악할 수는 있는 길은 없다. 완전하지 못한 유한한 피조
물로서, 인간은 그의 삶 가운데 그 같은 고난들을 감수하며 살

수밖에 없는 존재들임을 인정하는 우리들이 되길 바라는 것이
다.

> 내 형제들아 너희가 여러 가지 시험을 만나거든 온전히 기쁘게 여기
> 라. 이는 너희 믿음의 시련이 인내를 만들어 내는 줄 너희가 앎이라.
> 인내를 온전히 이루라 이는 너희로 온전하고 구비하여 조금도 부족
> 함이 없게 하려 함이라(약 1:2-3).

7. 열매 나누기

1) 우리 주변에 자신의 죄 때문은 아니지만 고난을 받은 사
례에 대해 이야기해보자.

2) 성경에는 인과응보를 주장하는 구절들도 많다. 특히 잠
언에서 인과응보를 말하는 구절들을 찾아보자.

3) 요한복음 9장 2-3절을 읽은 후, 우리의 질병과 죄와의 관
계에 대해 논의하여 보자.

　4) 예수 그리스도의 십자가 고난은 그의 죄로 인한 것이었
는가?

　5) 고난을 통해 우리가 얻을 수 있는 것들은 무엇인가?

8. 참고문헌

1) 구영철. 『지혜 전통에서 본 욥기의 신정론 연구』(미간행석사학위
　　논문). 서울: 장로회신학대학 대학원, 1988.
2) Archer, Gleason L., Jr. 『개혁신앙신서 5: 시련에 대한 하나님의 응답』,
　　정명화 역. 서울: 새순출판사, 1987.
3) Atkinson, David. 『욥기: 고난과 은혜』. 서울: IVP사, 1999.
4) Clines, David J. A. 『욥기 상/하』 (WBC 시리즈), 한영성 역. 서울:
　　솔로몬, 2006.
5) Gutierrez, Gustavo. 『욥에 관하여: 하느님 이야기와 무죄한 이들의
　　고통』, 김수복, 성찬성 역. 칠곡: 분도출판사, 1996.
6) Duquoc, Christian, ed. *Job and the Silence of* God. Edinburgh: T&T
　　Clark, 1983.
7) Kahn, Jack with Hester Solomon. *Job's Illness: Loss, Grief, and*
　　Integration: A Psychological Interpretation. New York: Pergamon
　　Press, 1975.

8) Westermann, Claus. *The Structure of the Book of Job: A Form-critical Analysis*. Philadelphia: Fortress, 1981.

9) Morrow, William. "Consolation, Rejection, and Repentance in Job 42:6," *Journal of Biblical Literature,* vol. 105 no. 2 (1986. 6.), 211-225.

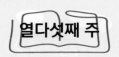

열다섯째 주

시편

탄식과 찬양

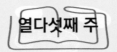

열다섯째 주

시편: 탄식과 찬양

　복음서 중 예수 그리스도께서 가장 많이 인용하신 구약성경은 시편이다. 예수께서는 시편 읽기를 매우 사랑하신 것 같다. 저도 개인적으로 어려운 일이 있을 때엔 시편을 많이 읽는다. 시편은 성도들의 삶과 신앙고백의 내용을 담고 있어 우리에게 큰 위로가 된다. 형식비평의 방법에 따라 시편을 장르 별로 구분하면 여러 가지가 있지만, 그중 가장 중요한 장르가 탄식시와 찬양시라 생각한다. 시편은 우리의 고통과 탄식을 기도로 표현하며, 우리의 감사와 기쁨을 찬양으로 표출한다. 우리는 시편을 통해 우리의 탄식이 하나님의 구원을 통해 찬양으로 변화해가는 과정을 깨닫게 된다. 정말 우리의 삶엔 많은 굴곡이 있다. 행복한 시간보다 어렵고 불행한 시간이 더 많은 것이 인생인데, 그 순간마다 우리는 주님의 구원을 통해 우리의 삶을 보다 희망적으로 변모시킬 수 있어야 할 것이다.

1. 씨알 고르기

1) 요절   시편 13편 1-6절

"여호와여 어느 때까지니이까 나를 영원히 잊으시나이까 주의 얼굴을 나에게서 어느 때까지 숨기시겠나이까. 나의 영혼이 번민하고 종일토록 마음에 근심하기를 어느 때까지 하오며 내 원수가 나를 치며 자랑하기를 어느 때까지 하리이까. 여호와 내 하나님이여 나를 생각하사 응답하시고 나의 눈을 밝히소서 두렵건대 내가 사망의 잠을 잘까 하오며, 두렵건대 나의 원수가 이르기를 내가 그를 이겼다 할까 하오며 내가 흔들릴 때에 나의 대적들이 기뻐할까 하나이다. 나는 오직 주의 사랑을 의지하였사오니 나의 마음은 주의 구원을 기뻐하리이다. 내가 여호와를 찬송하리니 이는 주에서 내게 은덕을 베푸심이로다."

2) 주제: 탄식과 찬양

2. 뿌리내리기

본 바이블 스터디의 중심 주제 중 하나가 믿음에 따른 '**행복**'이다. 창세기 12장 1-3절은 우리에게 기독교의 구원의 진의가 이러한 '**복**'(히브리어, 브라카)에 있음을 알려준다. 하나님이 축복을 누리며 잘 사는 것을 하나님께서는 원하시는 바로서, 그러한 축복은 저주(히브리어, 므에라)의 종식으로부터 시작된다. 인간에 미친 하나님의 저주가 끝나야만 참 행복이 출발된다. 인간과 하나님의 관계, 부부지간의 관계, 형제지간의 관계, 부자자간의 관계, 인간과 자연과의 관계에서의 저주가 끝나고 서로 간의 새로운 관계의 정립에서 인간의 행복을 시작된다는 것이다. 창세기는 크게 세 가지의 관계의 새로운 회복을 강조한다. 하나님과의 관계로서의 종교적 화해, 부부, 형제, 부자간의 관계를 포함한 인간과의 관계로서의 사회적 화해, 더 나아가 자연과의 관계로서의 생태적 화해가 참 행복의 길이라는 것이다.

〈창세기 1-11장에 나타나는 저주의 다섯 가지 양태들〉

창세기의 장절	저주의 대상	저주의 관계	저주의 차원
3장 14절	뱀	인간-사탄(인간과 하나님과의 관계)	종교적 저주
3장 161-7절	아담과 하와 땅	부부관계 인간과 자연의 관계	사회적 저주 생태적 저주
4장 11절	가인	형제 관계에서의 저주	사회적 저주
5장 29절	땅을 다시 저주	인간과 자연의 관계	생태적 저주
9장 25절	함	부모와 자식의 관계	사회적 저주(인간관계에서 오는 저주)
창세기에는 총 5가지 유형의 저주가 나타난다. 종교적, 생태적, 사회적 저주 등이다.			

이상과 같이 성경은 인간의 행복을 관계의 차원에서 접근한다. 시편은 인간의 행복이 관계에 있음을 말한다. 인간의 행복은 소유에 있는 것이 아니다. 많은 재산과 권력과 성공과 명예를 소유한다고 하여 우리가 진정 행복해지는 것은 아니다. 아무리 돈이 많다고 하여도 부부 사이의 관계가 좋지 못하면 행복한 삶을 영위할 수 없다. 훌륭한 장관이라고 하지만 부모와의 사이가 멀어져 있다면 그 또한 행복한 삶이라 볼 수 없다. 우리는 시편에서 이 같은 관계로서의 행복의 길을 바라보게 된다. 대표적인 시편 가운데 하나인 13편의 내용을 통해 이 문제에 대해 알아보도록 하겠다.

3. 줄기 세우기

시편은 구약시대 예배 시의 시와 찬양을 모은 책이다. 시편은 다섯 권의 시집이 모여 이루어졌다. 이중 89편까지의 1권부터 3권의 시집에는 주로 탄식(lamentation)시가 주종을 이루고 있으며, 나머지 150편까지 4, 5권의 시집에는 찬양(praise)시가 주로 배치되어 있다. 앞부분의 시들은 주로 음악의 단조와 같은 어두운 시들이라면, 뒷부분의 시집들은 음악의 장조와 같은 밝은 시들이다. 시편은 장르에 따라 탄식시, 찬양시, 감사시, 신뢰시, 회상시, 지혜시, 제왕시 등으로 구분되지만 크게

보아 탄식시(개인적 탄식시과 공동체적 탄식시)와 찬양시(감사시)로 구
분하려 하는 것이다.

다섯 권의 시집	주된 저자와 이스라엘 역사와의 관계	시편의 주제: 탄식과 찬양	설명	대표적 시
제1권 (1–41편)	다윗(다윗의 어려움과 탄식)	주로 다윗의 시로서 탄식시(또는 탄원시)가 주종을 이룸	단조와 같은 슬픈 탄식의 노래들이 많다. 이 세 권은 모두 아멘 아멘으로 끝난다.	대표적 탄식시 13편
제2권 (42–72편)	다윗, 고라(다윗 왕국의 건설)			
제3권 (73–89편)	아삽(다윗 왕국의 몰락)			
제4권 (90–106편)	무명(왕국 몰락에 대한 반성)	찬양시가 많이 나타난다.	장조와 같은 밝은 찬양의 노래들이 많다. 이 두 권은 모두 할렐루야로 끝나고 있다.	대표적 찬양시 146편
제5권 (107–150편)	다윗, 무명(이스라엘과 성전의 재건)			

1권부터 3권까지의 탄식시들은 다윗의 개인적인 탄식의 내
용을 담은 시들이 많다. 다윗은 인간적으로는 모두가 부러워
할 정도의 성공한 사람이었지만 내면적으로는 고뇌가 많았던
것 같다. 인간 행복의 대차대조표의 결과는 누구나 같은 것이
다. 행복한 사람은 그만큼 인생에 있어 어두운 면도 있다. 누구
도 평생을 행복만으로 일관할 수는 없다. 기쁨 뒤에는 슬픔이
있다. 괴로움이 내내 지속될 것 같다가도, 행복의 언덕에 서서
그 괴로움을 추억으로 돌아볼 때가 있다. 인생을 여러 가지의
말로 간추릴 수 있다. 이에 있어 시편은 인생을 행복과 불행이
라는 두 단어로 간추린다. 신자는 그러한 행복과 불행을 하나

님 앞에서의 탄식의 기도와 감사의 찬양으로 해석한다(약 5:13). 괴로울 때 주님의 얼굴을 보며 기도하던 일, 즐거울 때 하나님께 감사하고 그를 찬양하던 일, 우리는 인생을 그렇게 기억하게 되는 것이다. 시편의 주제는 탄식과 찬양이다.

4. 가지 뻗기

〈시편 13편의 구조〉

13편	내용	핵심 단어
1–4절	탄식의 진단	번민과 근심(탄식)
5절	탄식의 치유와 극복	구원
6절	하나님의 구원에 대한 응답	(감사와) 찬양

시편의 탄식시들은 상당 부분 탄식-구원-찬양이라는 구조로 되어 있다. 그것은 감사시에 있어서도 마찬가지다. 우리가 어느 시편을 읽을 때에라도 이런 탄식의 내용과 구원의 내용, 그리고 마지막으로 감사와 찬양의 내용을 파악해가며 읽는다면 시편이 더 용이하게 이해될 것이라 생각한다. 시편 13편은 전형적 탄식시 중의 하나다. 하나님께서는 우리를 고통과 탄식 중에 그냥 내버려두지 않으신다. 그는 우리에게 손을 펴우리를 구원하신다. 이러한 하나님의 구원에 대한 인간 편에서의 마땅한 응답이 필요한바 그것이 찬양과 감사다. 하나님

의 구원을 통해 우리의 슬픔이 기쁨으로 불행이 행복으로 바뀌게 된다는 것이다.

위의 시편 중 1-4절의 탄식 부분을 살펴보면 세 가지 차원의 탄식이 있음을 알게 된다. 첫째는 하나님과 나 사이의 관계에서 오는 탄식이요, 둘째는 나와 이웃과의 관계에서 오는 탄식이며, 셋째는 나와 나 자신과의 관계에서 오는 탄식이다. 시편의 시들은 가난을 병약을 공부 못함을 탄식하지 않으며, 오히려 내면적인 관계에서 인간의 행복이 결정됨을 말한다.

13편은 탄식시인 만큼 하나님에 대한 탄식의 부분이 비교적 길게 되어 있다. 시편의 기자는 먼저 탄식의 원인들을 찾고 있다. 의사가 병을 치료하려면 그 병의 원인을 진단해내야 하는 것처럼, 1-4절의 말씀은 탄식의 근본적 원인을 크게 세 가지로 분석한다. 먼저는 하나님과 인간의 관계에서 오는 종교적인 탄식이다. 다음은 인간과 인간 사이의 관계가 깨어지는 데서 오는 사회적인 탄식이다. 마지막으로는 나와 나 자신이 조화로운 관계에 있지 못할 때 야기되는 심리적 탄식이다. 성경은 행복론을 관계로써 설명한다. 올바른 관계에선 행복이 우러나온다. 그러나 관계가 그릇될 때 우리는 불행할 수밖에 없다. 시편은 가난과 병약과 공부 못함을 인간의 궁극적인 탄식의 내용으로 말하지 않는다. 인간의 행복은 그러한 보이는 것으로 결정되지 않는다. 오히려 내면적인 관계가 인간의 행복을 결정한다는 것이다.

1) 나와 하나님의 관계에서 오는 탄식

1절에는 다음과 같은 말씀이 있다. "여호와여 어느때까지 이니까 나를 영영히 잊으시나이까 주의 얼굴을 언제까지 숨기시겠나니까." 고통이 끝날 시간을 알면 고통을 쉽게 이길 수 있다. 참을 수 없는 것은 그 고통이 언제 끝날지를 전혀 모르는 것이다. 어느 때까지, 언제까지, 영영히라는 시간을 나타내는 말이 계속된다. 어느 때까지란 말은 영어로 'How long'으로 표현되는바, 이에 사람들은 이 시의 제목을 'How long'(어느 때까지)이라고 부르기도 한다. 하나님이 나를 잊으신 것이 아닌지, 혹 자신을 일부러 숨기시고 있는 것은 아닌지 시인은 묻는다. 하나님이 나를 잊으신 것이 아닌지라는 물음이 "내 하나님이여 내 하나님이여 어찌 나를 버리셨나이까 어찌 나를 멀리하여 돕지 아니하시오며 내 신음 소리를 듣지 아니하시나이까"(시 22:1)라는 절규로 이어지기도 한다. 하나님께 버림받아 잊혀진 자가 되는 것, 자기를 창조하신 조물주로부터 외면을 당하는 것, 그것이 첫째 되는 탄식임을 시편의 기자는 말하는 것이다.

우리는 가끔 매스컴을 통해 아이를 버리고 간 부모들 이야기를 듣곤 한다. 버림받은 아이의 마음은 쓸쓸하다. 혹시 부모가 나를 나셨던 그 일을 잊어버린 것은 아닌지, 나를 버리고 그렇게 영영히 찾지 않으시는건지, 아이의 마음은 애탄다. 부모

47

로부터 버림받는 것, 애인으로부터 버림받는 것, 친구로부터 배반당하는 것, 모두가 다 불행한 경험이지만, 이보다 더한 쓰라림은 하나님으로부터 버림받는다는 것이다. 모든 것을 다 가졌다고 하여도 하나님을 상실했다면, 그러한 삶은 불행한 삶이다. 모든 것을 다 잃어버렸다고 하여도, 하나님을 잃어버리지 않은 사람은 모든 것을 다 가진 자와 같다. 친구와 친척이 자기를 버린다고 하여도, 하나님만을 자기의 하나님으로 소유한 자는 결코 쓰러지지 않는다. 하나님의 기억 속에 남아 있는 사람이 되는 것, 그가 항상 옆에 계심을 느끼고 사는 것, 그것 속에서 우리의 찬양이 우러나오는 것이다.

2) 나와 이웃과의 관계에서 오는 탄식

2절에 보면 "내 원수가 나를 쳐서 자긍하기를 어느 때까지 하리이까"라는 말씀이 나온다. 시편에 나오는 원수라는 단어에 대한 해석은 학자들 사이에 차이가 있다. 다윗의 개인적인 적이라고 말하기도 한다. 이스라엘 백성의 공동의 적이라고도 한다. 또한 사탄을 지칭하는 것이라는 설명도 있다. 그러나 필자는 원수란 나와 이웃의 깨어진 관계를 일반적으로 지칭하는 것으로 보고 싶다. 관계가 좋을 땐 친구이지만 관계가 깨어지면 원수지간이 된다. 아무리 거리적으로 가까운 곳에 있는 사람이라고 할지라도 관계가 깨어지면 원수지간이 된다. 마태복음 10장 36절은 원수가 자기 집안 식구에 있음을 말한다. 가까운 사이가 원수와 같이 더 멀어지기 쉽다.

돈을 얻기 위해 의리를 져버리는 사람들이 많다. 성욕을 위해 정조를 팔아버리는 사람도 있다. 권력을 대단한 걸로 생각하고 갖은 음해를 서슴치 않는 무리도 있다. 지혜롭지 못한 행동이다. 지혜로운 사람은 다른 것을 잃어버리더라도 사람을 얻는 사람이다. 손해를 보더라도 사람의 관계를 유지하려 한다. 돈이 행복이 아니다. 사람이 행복이다. 우리는 인간관계를 조화롭게 지키려 노력해야 할 것이다.

시편은 사람 관계가 어떻게 원수관계가 악화되는지에 대해 설명한다. 시편 109편 5절은 "그들이 악으로 나의 선을 갚으며 미워함으로 나의 사랑을 갚았사오니"라고 말한다. 악으로 선을 갚으며, 미움으로 사랑을 갚으면, 남 앞에 원수가 될 수밖에 없다. 그러한 원수는 하나님이 보복하신다. 하나님께서는 보수하기는 하나님이기 때문이다(시 94:1). 남의 눈에 눈물나게 하고 남의 마음에 못 박는 그러한 삶을 살면, 자기 눈에 피눈물 나는 일이 있을 것임을 명심해야 할 것이다.

시편 35편 10절엔 이런 말씀이 있다. "내 모든 뼈가 이르기를 여호와와 같은 자 누구리요 그는 가난한 자를 그보다 강한 자에게서 건지시고 가난하고 궁핍한 자를 노략하는 자에게서 건지시는 이라 하리로다"(시 35:10-17). 남의 원수가 되는 길이 또 있다. 약한 사람들 앞에서 자기의 힘을 자랑하는 것이다. 가난하고 궁핍한 사람을 돌아보기보다는 그들을 노략하며 그들을 힘들게 하는 사람들이 있는데, 이런 사람들은 남의 원수가 되기 마련이다.

3) 나와 나의 관계에서 오는 탄식

3절에 보면, "나의 눈을 밝히소서 두렵건대 내가 사망의 잠을 잘까 하오며"라고 언급한다. 성경에는 죄를 지은 것을 표현하는 세 가지 정도의 은유가 있다. 눈이 어둡다. 잠을 잔다. 옷을 벗었다 등이다. 시편의 기자는 자신의 죄지음을 탄식하며, 하나님이 숨은 것이 아니라, 생각해보니 자신의 눈이 가리워져서 하나님을 보지 못하는 것임을 고백한다. 다윗은 자신의 죄로 인한 탄식을 다음과 같이 표현하였다.

> 내 죄악이 내 머리에 넘쳐서 무거운 짐 같으니 내가 감당할 수 없나이다. 내 상처가 썩어 악취가 나오니 내가 우매한 까닭이로소이다. 내가 아프고 심히 구부러졌으며 종일토록 슬픔 중에 다니나이다. 내 허리에 열기가 아득하고 내 살에 성한 곳이 없나이다. 내가 피곤하고 심히 상하였으매 마음이 불안하여 신음하나이다. 주여 나의 모든 소원이 주 앞에 있사오며 나의 탄식이 주 앞에 감추이지 아니하나이다 (시 38:4-9).

사람이 죄를 짓고는 행복할 수 없다. 남에게 물질적이며 정신적인 피해를 입히고도 버젓이 잘 살 수 있다고 생각하는 사람들이 있으마, 그럴 수 없는 일이다. 죄의 문제가 해결되지 않은 상태의 풍요란 일종의 거추장스러운 짐일 뿐이다. 죄는 우리의 존재의 근원을 흔들어 요동하게 한다. 행복을 즐길 여유를 우리에게서 빼앗아간다. "무릇 나는 내 죄과를 아오니 내 죄가 항상 내 앞에 있나이다"(시 51:3). 종교의 많은 부분이 이러한 죄의 용서를 초점으로 삼고 있다. 왜냐하면 그것이 인간의 행복에 있어 기본적이며 중요하기 때문이다.

필자는 시편 13편을 분석함으로써 탄식의 세 가지 차원을 찾아냈다. 그것은 종교적이며 사회적이며 심리적인 탄식이다. 하나님과 나의 관계가 바로 되지 않고는 나와 이웃의 관계나 나와 나의 관계가 바로 되지 않는다.

5. 꽃으로 피어나기

시편은 탄식하는 인간을 향해 솔루션을 제시한다. 파멸을 향해 달려가는 우리를 향해 하나님께서는 구원의 손을 펴는 분이시다. 그 하나님의 구원의 모습은 앞의 세 가지 관계에서 오는 탄식에 대한 솔루션으로 나타난다.

1) 하나님의 현존과 통치를 발견

13장은 5절에 클라이맥스가 설정된다. "나는 오직 주의 인
자하심을 의뢰하였아오니 내 마음은 주의 구원을 기뻐하리이
다." 탄식의 상황은 하나님의 구원에 의하여 종식되고 있다.
하나님은 우리는 건지시는 분이다. 먼저는 하나님과 나 사이
의 관계에서 오는 탄식이 하나님의 구원에 의해서 종결된다.
하나님을 보지 못하고 하나님으로부터 버림받는 것이 탄식이
라면, 구원이란 그 하나님을 가까이에서 느끼고 그 하나님의
인자와 자비하심을 발견하는 것이다. 다윗은 다음과 같이 말
한다. "나의 의로운 중에 주의 얼굴을 보리니 깰 때에 주의 형
상으로 만족하리이다"(시 17:15).

다윗은 압살롬의 칼을 피하여 광야로 쫓기게 되었다. 고난
의 파도가 그에게 밀려왔다. 거친 파고에 그의 몸을 가눌 수조
차 없었다. 그러나 그 광야에서 다윗은 성소에서 하나님을 보
는 것같이 주님을 바라보았다고 전한다(시 63:3). 세상의 삶 속
에서도 교회에서 하나님을 만나는 것과 같은 심정을 유지할
수 있는 사람은 복된 사람이다. 하나님은 결코 우리를 버리지
않으시며 버린 적도 없으시다. 시편 121편 3-8절의 말씀이다.

> 여호와께서 너를 실족하지 아니하게 하시며 너를 지키시는 이가 졸지 아니하시리로다. 이스라엘을 지키시는 이는 졸지도 아니하시고 주무시지도 아니하시리로다. 여호와는 너를 지키시는 이시라 여호와께서 네 오른쪽에서 네 그늘이 되시나니. 낮의 해가 너를 상하게 하지 아니하며 밤의 달도 너를 해치지 아니하리로다. 여호와께서 너를 지켜 모든 환난을 면하게 하시며 또 네 영혼을 지키시리로다. 여호와께서 너의 출입을 지금부터 영원까지 지키시리로다.

신자도 참담한 일을 당하는 경우도 있지만, 가만히 보면 하나님께서 우리의 세심한 부분 하나하나를 염려해주시는 것을 알 수 있다. "너희 모든 나라들아 여호와를 찬양하며 너희 모든 백성들아 그를 찬송할지어다. 우리에게 향하신 여호와의 인자하심이 크시고 여호와의 진실하심이 영원함이로다 할렐루야"(시 117:1-2).

2) 원수지간이 원수 사랑의 관계로 변함

구원의 두 번째의 차원은 원수지간이 원수 사랑의 관계로 바뀌는 것이다. 서로 등 돌리고 원수되었던 사람들이 화해하는 것에 커다란 구원의 기쁨이 있다. 그를 팔 먹은 형들과의 애굽에서의 재회의 순간, 요셉은 그의 형들에게 복수할 수 있었다. 그러나 그는 그것을 복수의 기회로 쓰지 않고 형제 화목과 구원의 장으로 활용하였다.

또 네 이웃을 사랑하고 네 원수를 미워하라 하였다는 것을 너희가 들었으나. 나는 너희에게 이르노니 너희 원수를 사랑하며 너희를 핍박하는 자를 위하여 기도하라. 이같이 한즉 하늘에 계신 너희 아버지의 아들이 되리니 이는 하나님이 그 해를 악인과 선인에게 비추시며 비를 의로운 자와 불의한 자에게 내려주심이라(마 5:43-45).

하나님께서는 모든 일을 선악 간에 심판하시는 분이다. "여호와여 복수하시는 하나님이여 복수하시는 하나님이여 빛을 비추어 주소서"(시 94:1). 이에 우리는 이웃에 스스로 복수하려 하지 말고 그 보복을 하나님의 심판에 맡기면서 원수를 열심히 사랑하는 자들이 되어야 한다.

3) 나의 죄를 회개하고 용서받음

우리가 죄를 지으면 죄지은 나 자신이 미워지게 된다. 하나님께서 우리를 죄에서 사하시므로 우리는 나 자신과 화해하게 되는 것이다. 살다 보면 수치스러운 날들이 있다. 그러나 하나님께서는 우리의 그러한 잘못들을 감싸주실 것이며, 이로 인해 우리는 자기의 과거를 받아들여 자기와 화해케 되는 것이다. 시편 32편 1-5절은 죄의 고통과 그에 따른 하나님의 용서의 구원을 다음과 같이 묘사한다.

> 허물의 사함을 받고 자신의 죄가 가려진 자는 복이 있도다. 마음에 간사함이 없고 여호와께 정죄를 당하지 아니하는 자는 복이 있도다. 내가 입을 열지 아니할 때에 종일 신음하므로 내 뼈가 쇠하였도다. 주의 손이 주야로 나를 누르시오니 내 진액이 빠져서 여름 가뭄에 마름 같이 되었나이다(셀라). 내가 이르기를 내 허물을 여호와께 자복하리라 하고 주께 내 죄를 아뢰고 내 죄악을 숨기지 아니하였더니 곧 주께서 내 죄악을 사하셨나이다(셀라).

죄의 고통이란 이루 말할 수 없다. 남을 해친 자는 잠을 제대로 자지 못한다. 꿈에 자신이 해친 자들이 나타나 자신을 못 살게 한다. 이마엔 식은 땀이 주르륵 흐른다. 법을 어긴 사람의 경우도 그렇다. 전화만 오면 경찰서에서 온 것이 아닌가 하고 움찔한다. 회사의 돈을 빼돌려 쓴 사람의 마음도 괴롭다. 모두가 다 자신을 손가락질하는 것같이 느낀다. 밥맛도 떨어지고 시름시름 앓기도 한다. 죄를 짓고는 편히 살 수 없는 것이다. 시편은 이러한 죄의 문제를 해결하는 길이 회개에 있음을 언급한다. 하나님 앞에 우리의 죄들을 털어놓고 용서를 비는 길만이 사는 길이다.

> 그가 빛 가운데 계신 것 같이 우리도 빛 가운데 행하면 우리가 서로 사귐이 있고 그 아들 예수의 피가 우리를 모든 죄에서 깨끗하게 하실 것이요. 만일 우리가 죄가 없다고 말하면 스스로 속이고 또 진리가 우리 속에 있지 아니할 것이요. 만일 우리가 우리 죄를 자백하면 그는 미쁘시고 의로우사 우리 죄를 사하시며 우리를 모든 불의에서 깨끗하게 하실 것이요(요일 1:7-10).

예수 그리스도께서는 우리가 회개하여 구원의 복음을 믿게 하시려고 이 땅 위에 오셨다. 그는 다음과 같이 말씀하셨다. "예수께서 대답하여 이르시되 건강한 자에게는 의사가 쓸 데 없고 병든 자에게라야 쓸 데 있나니, 내가 의인을 부르러 온 것이 아니요 죄인을 불러 회개시키러 왔노라"(눅 5:31-32). 죄의 문제가 인간에 미치는 영향이 지대함으로, 예수 그리스도의 전 사역이 이 같은 인간의 죄를 사하시는 일에 초점을 맞추고 있는 것이다.

6. 열매 맺기

1) 이러한 세 가지의 탄식에서의 해방이 주님이 주시는 구원으로, 하나님의 현존에 대한 확신과 이웃과의 화해 및 죄에 대한 회개를 통해 이러한 구원에 이르게 된다. 우리는 그 구원의 내용을 다음과 같이 다시 요약해볼 수 있다.

2) 먼저는 하나님과의 화해를 통해 하나님의 현존과 동시 그의 인자와 자비를 발견하는 것이다.

너희는 내 얼굴을 찾으라 하실 때에 내가 마음으로 주께 말하되 여호와여 내가 주의 얼굴을 찾으리이다 하였나이다. 주의 얼굴을 내게

서 숨기지 마시고 주의 종을 노하여 버리지 마소서 주는 나의 도움
이 되셨나이다 나의 구원의 하나님이시여 나를 버리지 마시고 떠나
지 마소서. 내 부모는 나를 버렸으나 여호와는 나를 영접하시리이다
(시 27:8-10).

3) 다음으로 이웃과의 화해를 통해 원수 관계가 원수 사랑
의 관계가 되는 것이 구원이다.

로마서 12장 19-21절은 원수사랑의 단계에 대해 말한다.

> 내 사랑하는 자들아 너희가 친히 원수를 갚지 말고 하나님의 진노
> 하심에 맡기라 기록되었으되 원수 갚는 것이 내게 있으니 내가 갚
> 으리라고 주께서 말씀하시니라. 네 원수가 주리거든 먹이고 목마
> 르거든 마시게 하라 그리함으로 네가 숯불을 그 머리에 쌓아 놓으
> 리라. 악에게 지지 말고 선으로 악을 이기라.

먼저 보복을 복수하시는 하나님께 맡기며(시 94:1), 이어 원
수를 사랑하고, 악에게 지지말고 선으로 악을 이길 것을 이 본
문은 말한다. 원수에게 복수함으로써 원수를 갚게 되는 것이
아니며, 원수를 사랑함으로 악을 극복하게 된다는 것이다. 그
렇게 함으로 우리는 더 철저한 복수를 하게 됨을 이 본문은 언
급한다. 이에 보복은 우리 마음에 묻어 두어야 할 성격의 것이
아니며 표출하여 더 철저한 하나님의 심판에 맡겨야 하는 것
으로, 이를 통해 그런 문제를 털털 털고 일어나게 된다는 말씀

이다.

4) 마지막으로 우리의 죄를 용서받음을 통해 우리는 나와 화해하게 된다.

> 시편 51편 1절, "하나님이여 주의 인자를 따라 내게 은혜를 베푸시며 주의 많은 긍휼을 따라 내 죄악을 지워 주소서"

시편 13편은 탄식시 중의 하나로 인간의 탄식의 고통에 대해 설명한다. 하나님과의 관계, 이웃과의 관계, 나 자신과의 관계가 깨지는 아픔이 죄악의 고통으로서, 우리는 이런 고통을 하나님의 구원을 통해 극복하게 된다. 인간의 탄식이 하나님의 구원을 통해 행복으로 변하는 데에는 많은 시간이 걸리지 않는다. 본 시편은 어느 때까지를 반복하며 얼마나 길게 그 탄식이 계속될 것인가를 말하고 있지만, 우리는 주님의 사랑과 은총 안에서 곧바로 그 탄식이 찬양으로 변화됨을 본다. 하나님의 용서를 믿고 먼저 주님께 감사의 찬양을 드릴 때 우리의 탄식은 눈 녹듯 사라지게 될 것이라 믿는다.

7. 열매 나누기

1) 기독교의 행복론에 대해 논의해보자.

2) 나의 인생 가운데 가장 불행했던 경험은 무엇인가?

3) 나의 인생 가운데 가장 행복했던 경험은 무엇인가?

4) 가까운 사람일수록 서로 원수가 되기 쉽다. 나의 인생 중에 나의 행복을 가장 가로막은 원수 같은 사람은 누구였는지 말해보자.

5) 하나님과의 화해가 인간 간의 화해에 미치는 영향에 대해 논의해보자.

8. 참고문헌

1) 김정우. "시편의 구조 이해,"『그 말씀』, 제18호 (1994. 1.), 120 ff.

2) 문희석.『오늘의 시편 연구』. 서울: 대한기독교서회, 1974.

3) Craigie, Peter C. 외.『WBC 성경주석 19, 20, 21: 시편 1-50, 시편 51-100, 시편 101-150』, 손석태 역. 서울: 솔로몬, 2000.

4) Hargreaves, John.『시편의 새 해석』, 엄현섭 역. 서울: 컨콜디아사, 1989.

5) Kidner. Derek. *Psalms* (TOTC). Downers Grove: InterVarsity Press, 1981.

6) Longman, Tremper III.『어떻게 시편을 읽을 것인가?』 한화룡 역. 서울: IVP, 1989.

7) Seybold, Klaus.『시편입문』. 서울: 대한기독교서회, 1995.

8) Westermann, Claus.『시편 해설: 구조 주제 그리고 메시지』, 노희원 역. 서울: 은성, 1996.

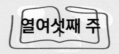

열여섯째 주

잠언

여호와 경외가 학문과 바른 삶의 근본

열여섯째 주

잠언: 여호와 경외가 학문과 바른 삶의 근본

　　잠언은 오래전 이스라엘의 학교교육이나 왕실교육의 내용으로 보아도 무방할 것 같다. 조선시대로만 거슬러 올라가도 서당에서 유교의 경전인 사서삼경을 교과서로 하여 교육을 하였는데, 잠언이 쓰인 3천 년 전엔 이런 종교적 경전의 형태로 학교 교육을 하였을 것이라 추정된다. 잠언은 여호와를 경외하는 것이 지혜와 지식의 근본이라 선포한다. 여호와 경외가 학문의 근본임을 말하는 것이다. 오늘과 같은 과학시대에 살며 우리는 종교와 학문을 구분하여 이원화를 하곤 하는데, 그러한 태도는 기독교 신앙의 학문성을 경홀히 여기는 처사라 할 수 있다. 기독교 신앙은 이성의 논리와 상충하는 것이 아니며 학문적 근원성에 자리하고 있는 것으로, 우리는 하나님 안에서 깨닫게 되는 진리와 참 지혜를 통해 의로운 사람으로 훈련받아 선행을 실천하며 이 사회를 바른 방향으로 움직여 나가는 자들이 되어야 할 것이다. 이와 같이 잠언은 지혜로운 현자와 정의로운 의인 그리고 종교적인 경건한 사람을 하나 된 시각을 통해 조망하고 있다.

1. 씨알 고르기

1] 요절 잠언 1장 7절

> "여호와를 경외하는 것이 지식(knowledge)의 근본이어늘 미련한 자는 지혜(wisdom)와 훈계(instruction)를 멸시하느니라."

2] 주제: 여호와 경외가 학문과 바른 삶의 근본

2. 뿌리내리기

'잠언'은 한자어로 '경계하는 말'이란 뜻이나, 본래는 '격언'(proverbs)을 의미하는 말로, 경건한 자의 삶을 가르치는 교훈 문학적인 형태를 띠고 있다. 잠언은 여호와를 경외하는 것이 지혜('호크마')의 근본이라 한다(1:7). 여기에서의 '호크마'라는 히브리 단어는 '기술(skill)과 지혜(wisdom)'로 번역되는바, 전자는 자연과학을 후자는 인문과학과 연관된다. '호크마'는 본래 솜씨나 기술을 지칭하는 단어로 이론적 지식보다 경험적 지식을 언급하는데 쓰여졌었다. 곧 여호와를 경외하는 것이 자연과학 및 인문과학을 포괄하는 전 학문의 근본이 된다는 것이다. 참다운 지식(knowledge)과 앎(knowing)과 이해(understanding, 잠언 중에서 '명철'로 번역됨)는 여호와에 대한 경건한 마음에서 비롯되는 것으로, 잠언은 이러한 학문적 노력들의 기초가 되는 신앙에 대해 소개한다. 잠언은 오래전 히브리인들의 학교 교육의 내용으로, 그 안에는 자연과학과 인문과학과 사회과학적 내용들이 망라되어 있다. 그들은 그들의 교육기관에서 이러한 내용들을 가르치면서, 학문의 근본으로서의 하늘로부터 오는 지혜를 그들의 자녀들에게 일깨운 것 같다.

본 잠언의 저자는 솔로몬으로 여겨지며(잠 1:1) 이에 우리는 이 잠언이 왕실교육의 내용이 아니었는가라는 추청해보게 된다. 특히 31장은 왕으로서 갖추어야 할 덕목에 대해 이야기하고 있는데, 잠언 중의 이러한 내용들이 그러한 가능성을 더 받침한다(잠 8:15-16, 16:10-15, 20:26-21:1, 25:1-7). 조선시대 정도만 거슬러 올라가도 벼슬을 하기 위해 유교의 사서삼경을 공부해야 했는데, 잠언이 쓰인 것은 지금부터 거의 삼천 년 전으로 당시의 학문이 이런 종교적 경전을 바탕으로 하여 수행되었을 것이라는 생각을 해보게 되는 것이다.

3. 줄기 세우기

장 절	본 잠언의 저자	대구분	장 절	소구분
1:1-1:7	솔로몬의 잠언	잠언의 주제 밝힘		지혜의 가치를 강조함
1:8-9:18	솔로몬의 잠언(특히 젊은이들을 대상으로 하는 15개의 강화로 구성)	아버지로서 아들에게 주는 잠언으로 하나님을 경외함이 지혜의 근본임을 말함	1:8-5:6	지혜가 주는 가치와 유익성
			5:7-7:27	지혜자가 경계하여야 할 여섯 가지
			8:1-9:18	지혜를 의인화하여 설명함
10:1-24:34	첫 번째 솔로몬의 잠언 선집, 첫 번째 선집과 아래의 두 번째 선집은 반대의 내용을 대조하는 형식의 경구들이 많다.	의인의 삶과 악인의 삶을 대조함. 여호와를 경외함으로 지혜롭고 의로운 삶을 살게 됨을 말함	10:1-22:16	375개 단편 경구 (72단락) 모음집
			22:17-24:34	36개로 구성된 현자들의 교훈집
25:1-29:27	두 번째 솔로몬의 잠언 선집	유다 왕 히스기야의 시대에 편집한 128개의 경구(25단락)		인간 간의 바른 관계에 대한 잠언들
30:1-30:33	야게의 아들 아굴이 이디엘과 우갈에게 개인적으로 준 잠언	지혜를 추구하는 자의 겸허한 자세와 신앙고백		
31:1-31:31	르무엘 왕을 그의 어머니가 개인적으로 훈계한 잠언 (전통적으로 르무엘 왕은 솔로몬으로 추정되는데, 그럴 경우 밧세바가 솔로몬에게 준 교훈이 된다.)	가부장적 사회 속에서 여성의 위치와 지위를 부각하고 있다.	31:1-31:9	왕으로서 갖추어야 할 덕목: 여색을 좇지 말고, 포도주를 탐닉하지 말며, 선정을 베풀 것을 권면함
			31:10-31:31	여호와를 경외하는 것이 현숙한 아내가 되는 첩경이다.

4. 가지 뻗기

1) 신앙과 학문의 하나 됨

'여호와를 경외하는 것이 학문의 근본'이라는 잠언 1장 7
절의 말씀은 신앙과 학문 및 신앙과 이성의 이원화를 거부한
다. 우리는 과학을 종교 및 신앙으로부터 분리 독립시키려 했
던 근대 초기의 전통적인 과학관에 대하여 알고 있다. 과학을
이성에 의해 객관적으로 입증할 수 있는 자연과 실재들을 다
루는 것으로 보아, 주관적인 신념과 가치로서의 신앙과 분리
했던 것이다. 이러한 이분화는 데카르트나 토마스 아퀴나스의
철학과 신학에 영향을 입었는데, 데카르트는 정신과 물질을
이분화하였고, 토마스는 자연과 은총을 이분화하였다. 자연과
은총이 이분화됨으로 이성과 계시가 나뉘었으며, 세속의 영역
과 종교적 영역이 구분되었고, 이에 과학과 신앙이 갈리게 되
었던 것이다. 신앙은 주관적인 것이고 과학은 객관적인 것으
로 양자가 양립되었다. 그리하여 학문은 공적인 것임에 비해
신앙은 사적인 영역에서만 다루어질 수 있는 것으로 전락되었
다. 이런 경향은 신앙의 사사화를 유도하였으며, 교회가 사회
문제나 공공의 일에 무관심하게 된 원인이 되었다. 곧 신앙과
학문이 분리되는 결과를 가져온 것이다.

하지만 잠언은 종교와 학문을 분리하지 않는다. 여호와를

경외하는 것이 지식의 근본이라 하면서 종교적 경건과 학문적 지혜가 서로 분리되어 있는 것이 아님을 말하는 것이다. 잠언 9장 10절은 이르길, "여호와를 경외하는 것이 지혜의 근본이요 거룩하신 자를 아는 것이 명철이니라"라고 언급하면서 경건한 사람과 지혜로운 사람이 다르지 않음을 강조한다.

그러나 잠언 15장 33절은 이르길 "여호와를 경외하는 것은 지혜의 훈계라 겸손은 존귀의 길잡이니라"라고 한다. 더 나아가 9장 10절은 말하길, "여호와를 경외하는 것이 지혜의 근본이요 거룩한 자는 아는 것이 명철"이라 하고 있다. 이 본문들은 여호와를 경외함이 학문의 근본임을 말하며 이 본문들은 신앙의 길과 학문의 길이 다르지 않음을 말하는 것이다.

2) 의를 행하는 것 이전의 의인 됨의 중요성

이와 같은 잠언의 기본주제는 잠언의 서론격인 1장 1-7절의 내용에 잘 나타나 있다. 이 부분의 2-3절에는 다음의 말씀이 있다.

> 이는 지혜와 훈계를 알게 하며 명철의 말씀을 깨닫게 하며, 지혜롭게, 공의롭게, 정의롭게, 정직하게 행할 일에 대하여 훈계를 받게 하며.

여기에서 이 본문은 지혜로운 현자와 정의를 행하는 의인의 길을 하나로 연결한다. 지혜자는 의로움과 정의와 올바름을 실천에 옮기는 자라는 것이다. 다 나아가 서론의 마지막 부분인 7절에선 여호와를 경외함이 지식 곧 학문함의 근본임을 밝힌다. 곧 현자와 의인이 종교적인 경건한 자와 조우하고 있다. 지혜로운 자는 다름이 아닌 바른 도덕적 판단을 하여 행동하는 자이며, 그러한 능력을 갖추기 위해서는 하나님 앞에서 먼저 경건한 사람이 되어야 한다는 것이다.

잠언 중의 중요한 특징은 의인에 대한 잠언의 개념에 있다. 잠언은 선과 정의(히브리어, 체데크)를 행하는 것도 중요하지만, 그러기 위해 먼저 의로운 사람 곧 의인(히브리어, 차디크)이 되어야 함을 강조한다. 그런 의미에서 잠언은 행함의 규범을 말하는 책이라기보다 의로운 인간이 되는 길을 가르쳐주는 교육과 훈육의 책이라 할 수 있다. 이러한 잠언에 나타나는 의인으로서의 개념은 최근 윤리학에서 강조되는 덕윤리의 주장들과 유사점이 많다. 인간이 바른 행동을 하기 위해서 윤리적 규범을 아는 것도 중요하지만, 그러한 품성과 덕을 구비하는 것이 더 앞선다는 것이다. 이와 같이 잠언은 규범적 명령만을 말하는 책이 아니며, 우리의 근본 존재가 하나님의 말씀과 성령 안에서 새롭게 되는 것이 우선임을 밝히는 책이다.

이에 잠언 중엔 행동에 대한 말들과 함께 덕의 목록에 대한 열거가 많이 반복된다. 경외, 신중, 겸손, 성실, 절제, 근면, 정직

등은 기독교가 가르치는 중요 덕목으로서, 그것은 우리의 보이는 행동의 영역이라기보다 마음 속의 자세라 할 수 있다. 잠언 3장 3절은 "인자와 진리가 네게서 떠나지 말게 하고 그것을 네 목에 매며 네 마음판에 새기라"(참조, 6:21)고 한다. 우리의 윤리적인 노력은 외형적 행동에만 머물러서는 안 되며, 우리의 마음 깊이에 박혀야 함은 말하는 것이다.

이와 같이 참된 도리를 마음 판에 새기기 위해서는 윤리적 규범에 대한 지식으로서의 교육만으론 부족하고, 그 규범을 우리 속에 체화하고 습관화하며 훈련하여 품성을 키워나가는 것이 필요한데, 잠언은 이런 훈련을 훈계(instruction) 곧 훈육으로 표현한다. 이런 훈련된 인간이 바른 행위를 하게 되는 것으로 잠언은 그러한 훈련된 사람을 의인으로 말하는데, 우리들은 이 같은 의인의 모범을 잘 따를 필요가 있다. 그의 행동을 배우는 것이라기보다 그의 사람됨과 의인 됨을 배우는 것이 중요하다는 것이다.

잠언 2장 20절은 지혜의 두 가지 효용에 대해 말한다. "지혜가 너를 선한 자의 길로 행하게 하며 또 의인의 길을 지키게 하리니"라는 말씀에서 우리는 지혜의 두 가지 기능을 발견하게 된다(참조, 잠 20:7). 먼저는 의인되게 하는 것이며 다음을 행하게 하는 것이다. 의로운 덕성을 함양하는 것만으로는 부족하며 그것을 행함으로 옮겨야 하는데, 그러기 위해서는 훈련과 훈육과 습관화를 통해 배우는 경험적 지식을 중시해야 할 것이다.

3) 사회 정의를 구현하는 경건한 사람

잠언 2장 5-8절은 다음과 같이 말한다.

> 여호와 경외하기를 깨달으며 하나님을 알게 되리니, 대저 여호와
> 는 지혜를 주시며 지식과 명철을 그 입에서 내심이며, 그는 정직한
> 자를 위하여 완전한 지혜를 예비하시며 행실이 온전한 자에게 방
> 패가 되시나니, 대저 그는 정의의 길을 보호하며 그의 성도들의 길
> 을 보전하려 하심이니라

위 본문은 여호와를 경외하는 것이 학문의 근본일 뿐 아니
라, 의(righteousness)와 정의(justice)의 길을 밝혀주는 것임을 말
한다. 여기서 정의란 상당히 공적인 부분에 대한 언급인데, 신
앙의 길이 우리 사회를 바로 잡은 역할을 함을 말한다. 이에 우
리는 신앙의 길을 사적인 영역으로만 가두어서는 안 되는 것
으로, 이를 통해 사회에 정의를 세우는 일에 일조하는 것이 필
요하다(잠 29:4, 21:3).

학문의 세계를 보면 탁월한 학자들과 마주치게 된다. 사회
학에서의 막스 베버, 심리학에서의 지그문트 프로이트, 종교
학에서의 미르체아 엘리아데, 신학에서의 칼 바르트 등 한 세
기를 장식한 학자들이 있는데, 이런 학자들은 모두 그들이 하

는 학문을 통해 이 사회를 보다 밝게 만들고자 노력하였던 자들이었다. 인류와 사회에 도움이 되지 않는 탁상공론과 같은 학문함은 모두 진정한 학문에서 거리가 먼 것으로 우리는 우리의 지혜와 학문을 통해 우리의 삶과 사회변혁을 위해 도움을 주고자 노력해야 할 것이다. 특히 잠언은 사회와 국가를 바로 세우는 왕의 바른 자세에 대해 강조하면서, 우리의 바른 신앙과 지혜가 바른 왕의 통치적 행위에 이어질 수 있도록 하여야 함을 말하고 있다.

> 대저 지혜는 진주보다 나으므로 원하는 모든 것을 이에 비교할 수 없음이니라. 나 지혜는 명철로 주소를 삼으며 지식과 근신을 찾아 얻나니, 여호와를 경외하는 것은 악을 미워하는 것이라 나는 교만과 거만과 악한 행실과 패역한 입을 미워하느니라. 내게는 계략과 참 지식이 있으며 나는 명철이라 내게 능력이 있으므로, 나로 말미암아 왕들이 치리하며 방백들이 공의를 세우며, 나로 말미암아 재상과 존귀한 자 곧 모든 의로운 재판관들이 다스리느니라(잠 8:11-16).

5. 꽃으로 피어나기

우리는 인간의 학문과 지식의 한계를 정직하게 인정해야 한다. "너는 마음을 다하여 여호와를 의뢰하고 네 명철을 의지하지 말라"(잠 3:5). 지식이 인간에게 행복을 더해주는 것이기는 하나, 그것의 역할은 철저히 한정되어 있다. 창세기는 인간 최

초의 타락이 하나님과 같아지려는 지식(God-like knowledge)을 추구함에 있었음을 말한다. 선과 악을 알게 하는 지식이라는 말은 이것과 저것을 알게 한다는 히브리 숙어로 모든 것을 알려 함을 뜻한다. 인간은 결코 모든 것을 다 알 수 있는 존재가 아니다. 인간은 절대의 완전한 지식을 소유할 수 없으며, 지식을 통해 완전한 행복과 이상사회를 만들 수 없다. 우리의 지식은 모두 상대적이며 한계가 있는 지식이다. 내가 모든 것을 안다고 하는 지식의 절대화, 과학의 절대화, 기술의 절대화는 우상숭배의 또 다른 모습이다.

그러함에 우리의 지식은 하나님 앞에 서 있는 겸손하고 정직한 학문이 되어야 한다. 우리는 알면 알수록 모른다고 말할 수밖에 없게 된다. 자연과 생명의 경이로움 앞에 서서 자신의 지식의 초라함을 고백하게 된다. 어떠한 학문적 이론에도 한계가 있게 마련이며, 이 한계를 분명히 인식하고 있는 자가 그 분야의 전문가다. 그러므로 진정한 지식은 인간을 하나님과 사람 앞에서 겸손하게 만든다. 아는 것과 알지 못하는 것 사이의 차이는 별것 아닌 것으로, 전문인은 비전문인의 말에도 귀를 기울여야 하며 그들과의 논의를 중시해야 한다. 경제학자들의 경제분석보다 주부들의 장바구니 무게가 더 중요할 수 있다. 의사의 여러 진단보다 환자 자신이 느끼고 있는 감각이 더 소중할 수 있는 것이다.

"교만은 패망의 선봉이요 거만한 마음은 넘어짐의 앞잡이니라"(잠 16:18). 지식은 인간을 교만하게 하기 쉽다. 그러나 하나님을 경외하는 지식은 남을 섬기는 일을 위해 우리는 세운다. 인간 위에 군림하고 인간을 억누르는 지식이 아니라, 인간을 받들고 인간을 위해 일하는 그러한 겸손하고 인간적인 지식을 우리는 추구해야 할 것이다. 특히 잠언은 보잘 것 없는 가난한 사람들을 받들고 섬기는 지혜의 중요성에 대해 언급하는데(잠 17:5, 19:17), 이런 지혜는 우리가 하나님을 경외함으로써만 가능해진다.

> 가난한 사람을 학대하는 자는 그를 지으신 이를 멸시하는 자요 궁핍한 사람을 불쌍히 여기는 자는 주를 공경하는 자니라(잠 14:31).

6. 열매 맺기

그러므로 우리의 학문은 하나님 앞에 서 있는 겸손하고 정직한 학문이 되어야 하겠다(잠 3:34). 학문함에 있어 가장 중요한 것은 정직으로, 잠언은 정직의 중요성을 곳곳에서 강조한다(잠 14:2, 21:29). 이에 전문가들은 항시 자신이 하는 일에 대한 정직한 가치평가를 게을리해서는 안 된다. 혹 나의 하는 일이 학문을 위한 학문으로서의 무가치한 것이 아닌가 생각해 봄이 필요하다. 가치중립성을 주장하며 한 편의 이해를 위장하고 있지 않은가를 또한 살펴야 할 것이다.

아울러 전문가들은 비전문적 대중들이 전문가들의 일과 그에 연루된 정책들을 이해할 수 있게 하기 위하여, 가능한 한 쉬운 말로 설명하는 것이 요청된다. 비전문적인 대중들로 여러 정책 결정에 참여할 수 있어야 한다. 이에 어려운 말들로 학문을 신비화하여 대중이 그에 참여하는 것을 가로막게 되면, 그들을 속이는 부정직의 가능성이 더 많아지게 된다. 시민 대중이 모르는 말로 정보가 제공되고 어려운 기술적인 용어들만이 사용된다면, 점점 국민은 소수의 엘리트들에 의해 통제 조작되어질 수밖에 없다. 이에 대중을 위한 쉽게 풀어놓은 학문이 요청되며 그와 함께 과학의 사회정치적 측면 곧 정책 결정과의 연관성을 국민에게 교육할 필요도 있다. 법원과 병원에 가면 법조인이나 의사들이 전문용어나 영어를 쓰며 함께 한 사람들의 소외를 야기하는데, 겸손한 직책 수행의 모습이라 보기 어렵다.

지식은 독점되어서는 아니 되는바 남과의 의논을 도외시한 채 자신의 지식만을 유일화하는 것은 위험하다(잠 15:22). 이와 같이 전문가들은 비전문가들에게 자신이 하는 작업을 쉽게 설명하여야 하며, 또한 비전문인들도 전문적인 작업에 뛰어들어 말할 수 있도록 학문적 개방성을 견지해야 할 것이다. 너는 비전문인이므로 이것에 어떤 말도 할 수 없는 자격이 없다는 말은 전문인의 오만이다. 누구든지 말할 수 있어야 할 것이다. 그리고 그러한 시민 대중의 삶의 정황에서 우러나오는 말들은 언제나 학문의 생생한 자료가 될 수 있는 것으로, 이것을 무시하는 것은 학자적 정직이라 할 수 없다.

이와 같이 우리는 지식의 한계를 알고 겸손히 듣는 마음의 자세를 가지고 학문하는 것이 필요하다. 지식은 인간을 교만하게 하기 쉬운 것으로, 우리 주변에는 인간 위에 군림하는 오만한 학문함이 너무 많다. 인간을 받드는 학문이 되기보다는 어려운 말로 늘어놓고 일상의 삶에 도움이 안 되는 탁상공론을 하며 학문한다는 말을 하기 쉽다. 세상을 이끌어가는 학문은 그런 학문은 아니다. 진정된 학문은 항상 프락시스를 추구한다. "여호와를 경외하는 것이 지혜의 훈계라 겸손은 존귀의 길잡이니라"(잠 15:33).

여지껏 우리는 하나님 앞에서의 겸손한 학문에 대해 강조하였다. 인간은 하나님 안에서만 진정한 '호크마'에 도달할 수 있다. 천지를 창조하신 하나님과 그의 계시를 모르고서는, 그가 창조한 이 우주의 질서를 진정되게 이해할 수 없을 것으로, 인간은 하나님 안에서 참된 인식이 가능하다. 이러한 하나님 안에서의 학문은 하나님을 위한 학문으로 자리 매겨져야 한다. 하나님을 위하는 학문이 되지 않고는 인간을 위한 학문이 될 수 없으며, 인간을 받들지 않는 학문을 하며 하나님을 위하는 학문을 한다고 말할 수 없다. 신은 만물의 기초를 놓으신 분으로 우리는 그의 지식에 연결됨을 통하여 참 깨달음에 이르게 된다.

> 그는 보이지 아니 하는 하나님의 형상이시오 모든 피조물보다 먼저
> 나신 이시니, 만물이 그에게서 창조되되 하늘과 땅에서 보이는 것들
> 과 보이지 않는 것들과 혹은 왕권들이나 주권들이나 통치자들이나
> 권세들이나 만물이 다 그로 말미암고 그를 위하여 창조되었고, 또한
> 그가 만물보다 먼저 계시고 만물이 그 안에 함께 섰느니라(골 1:15-
> 17).

7. 열매 나누기

1) 경건(pietas)과 학문(scientia)의 연관성에 대해 말해보자. 아울러 골로새서 1장 15-20절의 말씀을 묵상하고, 창조주 하나님을 아는 것과 사물의 원리를 파악하는 것으로서의 학문함과의 관계성에 대해 논의해보자.

2) 잠언에 나타나는 '마음'에 대한 언급들을 찾아보고 그에 대해 논의해보자.

3) 바른 행동을 하기 위해선 마음의 덕을 함양하여 의로운

사람이 먼저 되어야 하는데, 이 같은 '덕윤리'의 중요성에 대해 생각해보자.

4) 인간의 품성을 바꾸는 말씀과 성령의 역할에 대해 이야기해보자.

5) 잠언에는 의인과 악인을 비교하는 대조적 문장으로 표현된 대구법이 많이 사용되고 있는데(특히 10-24장), 그러한 문장들을 찾아 그것의 아름다운 표현들을 음미해보자. 예) 10장 3절, "여호와께서 의인의 영혼은 주리지 않게 하시나, 악인의 소욕은 물리치시니라."

8. 참고문헌

1) 왕대일. "잠언의 문학적 특성," 『그 말씀』. 49호 (1996. 8.), 166 이하.

2) Kidner, Derek. 『잠언』, 정일오 역. 서울: 기독교문서선교회, 1994.

3) Longman Ⅲ, Tremper. 『잠언 주석』, 임요한 역. 서울: 기독교문서선교회, 2019.

4) Bell, Robert D. "Theology of Proverbs," *Biblical Viewpoint,* vol. 33 no. 2 (1999. 11.), 1-5.

5) Murrhy, Roland E. "The Kerygma of the Book of Proverbs," *Interpretation,* vol. 20 no. 1 (1966. 1.), 3-14.

6) Rude, Terry. "Wisdom in Proverbs," *Biblical Viewpoint,* vol. 33 no. 2 (1999. 11.), 6-12.

7) Waltke, Bruce K. *The Book of Proverbs.* NICOT. Grand Rapids: Eerdmans, 2004.

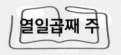

열일곱째 주

전도서

일상의 행복도 하나님께서 주신다

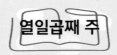

열일곱째 주

전도서: 일상의 행복도 하나님께서 주신다

　　전도서는 다른 성문서의 책들과 같이 인간의 행복론을 다루고 있다. 이에 전도서는 먼저 인간의 참 행복이 어디에 있는지 궁구한다. 쾌락, 돈, 지식을 통해 인간은 만족을 누리려 하지만, 그러한 모든 추구가 다 헛된 것뿐임을 전도서는 설파한다. 이런 특별한 것을 쌓는 것에 행복이 있는 것이 아니라, 우리의 일상속에 행복이 있음을 전도서는 지적하는데, 그 전도서가 말하는 일상의 행복이란 먹고 마시면 일하는 가운데 심령으로 낙을 누리는 것이다. 누구도 먹고 마시는 일을 하지 않는 사람이 없으며 모두가 일하며 산다. 그러한 일상 속에서 마음으로 기쁨을 누리고 사는 것에 참 행복이 깃든다는 것이다. 보람있게 노동하며, 즐겁게 먹고, 기쁜 마음으로 사는 것에 참 행복이 있는 것인데, 전도서는 이것도 하나님께서 주시는 선물임을 말하고 있다.

1. 씨알 고르기

1) 요절   **전도서 5장 18절**

> "사람이 하나님께서 그에게 주신 바 그 일평생에 먹고 마시며 해 아래에서 하는 모든 수고 중에서 낙을 보는 것이 선하고 아름다움을 내가 보았나니 그것이 그의 몫이로다"(참조 9:9).

2) 주제: 일상의 행복도 하나님께서 주신다

2. 뿌리내리기

인생에 뭐 대단한 것이 있는 것 같지만 모든 것이 헛될 뿐이다. "헛되고 헛되며 헛되고 헛되니 모든 것이 헛되도다"(전 1:2). 이 본문 중 헛되다는 단어의 히브리어는 '헤벨'인데, 헛되다는 뜻 외에 숨, 안개, 덧없다 등의 의미를 지닌다.

1) 쾌락을 추구한다는 것도 한계가 있다. 우리는 즐기고 놀러 다니는 것으로 행복하려 하지만 헛된 일이라는 것이다.

81

> 내가 내 마음에 이르기를 자 내가 시험 삼아 너를 즐겁게 하리니 너
> 는 낙을 누리라 하였으나 보라 이것도 헛되도다(전 2:1).

2) 재물을 쌓으려는 것도 헛되고 어리석은 것이다. 돈 버는
것으로 행복을 이루기 어렵다. 적신으로 왔다 적신으로 가는
것이 인생이다.

> 그가 모태에서 벌거벗고 나왔은즉 그가 나온 대로 돌아가고 수고하
> 여 얻은 것을 아무것도 자기 손에 가지고 가지 못하리니(전 5:15).

3) 지식을 자랑하는 것도 헛된 일이다. 많은 사람들이 공부
하고 지식을 쌓느라고 수고하지만 그것 또한 허무한 일일 때
가 많다.

> 또 내가 하나님의 모든 행사를 살펴 보니 해 아래에서 행해지는 일
> 을 사람이 능히 알아낼 수 없도다 사람이 아무리 애써 알아보려고
> 할지라도 능히 알지 못하나니 비록 지혜자가 아노라 할지라도 능히
> 알아내지 못하리로다(전 8:17).

> 내 아들아 또 이것들로부터 경계를 받으라 많은 책들을 짓는 것은
> 끝이 없고 많이 공부하는 것은 몸을 피곤하게 하느니(전 12:12).

삶의 행복은 일을 해 얻는 결과에 있는 것이 아니다. 일을
해 돈을 벌고, 명예를 얻고, 성공하여 즐기는 것에 인간의 행복
이 있는 것이 아니며, 일상에서의 평범한 일을 해나가는 과정

가운데 삶의 행복이 있음을 전도서는 강조한다.

전도서는 특별한 행복보다는 일상의 행복을 중시한다. "사람이 하나님께서 그에게 주신 바 그 일평생에 먹고 마시며 해 아래에서 하는 모든 수고 중에서 낙을 보는 것이 선하고 아름다움을 내가 보았나니 그것이 그의 몫이로다"(전 5:18). 누구나 하루 세끼 먹고 일하지 않는 자는 없다. 일을 하며 그것에서 보람을 찾는 것이 인간의 누릴 참 행복이다. 이와 같이 일(work), 수고(labor), 노고(business) 등이 전도서의 중심된 단어들이다.

"네 손이 일을 얻는 대로 힘을 다하여 할지어다 네가 장차 들어갈 스올에는 일도 없고 계획도 없고 지식도 없고 지혜도 없음이니라"(전 9:10). 행복하려면 일해야 한다. 돈과 쾌락에서 즐거움을 찾기보다 일상의 일의 과정 속에서 즐거움을 찾아야 한다. 즐겁게 일하고, 즐겁게 식사하고, 즐겁게 사는 것에 참 행복이 있다. 일하기 위해 즐겁게 먹고, 보람된 일을 하며 행복해하는 것이 인생의 참 모습이다.

이에 있어 행복하려면 먼저 즐겁게 식사하는 법부터 배워야 할 것이다. "너는 가서 기쁨으로 네 음식물을 먹고 즐거운 마음으로 네 포도주를 마실지어다 이는 하나님이 네가 하는 일을 벌써 기쁘게 받으셨음이니라(전 9:7). 이 본문은 하나님을 즐겁게 하는 일을 할 때 우리가 기쁨으로 음식을 들 수 있음을 언급한다. 하나님을 기쁘게 하며 경외함이 없이 진정한 노동에 이르지 못한다. 즐겁고 보람된 일을 하지 않곤 행복한 식탁도 없는 것으로, 가장 보람된 일은 하나님을 기쁘시게 하는 일이다.

3. 줄기 세우기

장절	대구분	장절	소구분	내용
1:1-1:11	서언	1:1-1:3	헛됨의 선언	삶의 모든 것이 헛됨
		1:4-1:11	헛됨의 예증	만물의 모습과 인간의 역사가 다 헛된 일들로 가득하다.
1:12-6:12	헛됨에 대한 삶의 증거들	1:12-2:23	인간의 모든 행사들이 다 헛됨을 논증함	지혜, 쾌락, 성공 등의 추구와 모든 수고의 헛됨을 말함
		2:24-6:12	헛된 삶을 향한 하나님의 처방들	헛된 삶 중에서 참 행복은 하나님 안에 있다
7:1-12:14	헛됨을 극복하는 길	7:1-11:8	삶의 불확실성으로서의 헛됨과 허무함을 극복키 한 삶의 지혜	지혜자라도 삶의 돌아가는 이치를 다 알 수 없는 것으로, 하루 하루 하나님을 의지하며 즐겁게 사는 것이 중요하다.
		11:9-12:8	특별히 젊은이들에 교훈함	젊을 때 하나님을 기억하라
		12:9-14	마치는 말	하나님을 경외하는 것이 헛됨을 극복하는 최선의 길이다.

4. 가지 뻗기

그러나 이 같은 행복한 일을 하는 것이 쉽지마는 않다고 전도서는 언급한다. 전도서는 인간의 모든 수고에 문제가 있음을 언급한다.

> 그 후에 내가 생각해 본즉 내 손으로 한 모든 일과 내가 수고한 모든 것이 다 헛되어 바람을 잡는 것이며 해 아래에서 무익한 것이로다 (전 2:11).

이 본문은 우리 노동의 덧없음에 대해 말한다. "해 아래에서 수고하는 모든 수고가 사람에게 무엇이 유익한가(전 1:3). 그 마지막 남은 노동이라는 일상의 행복도 위협받고 있는 현실을 전도자는 보고 있다.

1) 죽는 날에 그 수고한 것을 가지고 갈 수 없다면 그것은 헛된 노동이다.

> 그가 모태에서 벌거벗고 나왔은즉 그가 나온 대로 돌아가고 수고하여 얻은 것을 아무것도 자기 손에 가지고 가지 못하리니 이것도 큰 불행이라 어떻게 왔든지 그대로 가리니 바람을 잡는 수고가 그에게 무엇이 유익하랴(전 5:15-16).

2) 선한 노력의 대가가 악한 것으로 보응된다면 누가 수고

85

를 하겠느냐는 것이다.

> 세상에서 행해지는 헛된 일이 있나니 곧 악인들의 행위에 따라 벌을
> 받는 의인들도 있고 의인들의 행위에 따라 상을 받는 악인들도 있다
> 는 것이라 내가 이르노니 이것도 헛되도다(전 8:14).

3) 무의미하고 지루한 노동에서 벗어나 창조적인 노동을 하
는 것이란 쉽지 않다.

> 이미 있던 것이 후에 다시 있겠고 이미 한 일을 후에 다시 할지라 해
> 아래에는 새 것이 없나니(전 1:9).

더욱 문제되는 것은 우리의 노동이 있던 것의 반복이라는
데에 있다는 것이다.

인간의 참 행복이 온전한 노동에 있음에도 불구하고, 우리
의 노동 현실은 우리에게 참 행복을 주기 어렵게 되어 있다. 일
이 기쁨을 주기보다는 허무하고 비참한 노동들의 연속이며,
그 일이 우리에게 고통과 피곤함을 줄 때가 너무 많다.

5. 꽃으로 피어나기

이상과 같이 전도서는 일상 노동 속에 행복이 있다고 한다.

먹고 마시며, 일하는 중에 심령으로 낙을 누리는 것이 최고의 행복이라는 것이다. 그러나 우리의 노동과 수고에는 많은 문제점들이 도사리고 있음을 전도서는 언급한다. 그러면 우리는 참되고 행복한 노동을 포기하여야 하는 것인가라는 질문에 대해 전도서는 그렇게 말하진 않는다.

전도서 5장 18절은 이르기를 "사람이 하나님께서 그에게 주신 바 그 일평생을 먹고 마시며 해 아래서 하는 모든 수고 중에서 낙을 보는 것이 선하고 아름다움을 내가 보았나니 이것이 그의 몫(분복)이로다"라고 한다. 이 부분을 전도서 2장 24절은 더 명백히 설명한다. "사람이 먹고 마시며 수고하는 것보다 그의 마음을 더 기쁘게 하는 것은 없나니 내가 이것도 본즉 하나님의 손에서 나오는 것이로다." 행복한 노동은 사람의 손에서 나오는 것이 아니라, 하나님의 수중에 있음을 언급하는 본문이다. 노동의 행복은 우리의 노력을 통해 쟁취되는 것이 아니며 하나님에 의해 주어진다는 것이다. 그러므로 우리는 하나님을 경외함을 통하여 이러한 인간의 헛됨을 극복케 된다.

1) 하나님은 영원하셔서 인간에게 죽음 이후의 삶을 제시하는 분으로, 인간에게 죽음 이후의 영원한 삶을 제시하시는 분이시다. 그러므로 우리는 신적인 전망을 통하여 노동의 유한성과 덧없음을 극복케 된다. 노동의 보람은 이승으로 마감되

지 않는다. 우리는 우리의 거룩한 수고와 헌신의 결과를 우리는 죽은 후에도 가지고 갈 수 있다. 아래는 전도서 3장 14절의 말씀이다.

> 하나님께서 행하시는 모든 것은 영원히 있을 것이라 그 위에 더 할 수도 없고 그것에서 덜 할 수도 없나니 하나님이 이같이 행하심은 사람들이 그의 앞에서 경외하게 하려 하심인 줄을 내가 알았도다(참조, 전 6:12, 8:7, 10:14).

2) 잠언은 결국 인간의 모든 행위가 다 심판을 받게 됨을 말한다. 하나님은 우리의 일들을 선악 간에 심판하시는 분이시다. 그러므로 우리는 눈속임으로 일하지 말아야 한다.

> 일의 결국을 다 들었으니 하나님을 경외하고 그 명령을 지킬지어다 이것이 사람의 본분이니라 하나님은 모든 행위와 모든 은밀한 일을 선악간에 심판하시리라(전 12:13-14).

3) 우리는 창조주 하나님과의 관계를 통하여 새 것을 이루는 창조적인 노동을 할 수 있게 된다. 무료하고 지루한 노동이 하나님의 창조성에 의해 극복된다.

> 너는 청년의 때에 너의 창조주를 기억하라 곧 곤고한 날이 이르기 전에, 나는 아무 낙이 없다고 할 해들이 가깝기 전에(전 12:1).

이상과 같이 전도서는 하나님을 경외함이 없이 진정한 노동에 이를 수 없음을 말하는바, 성경은 참 노동의 길을 다음의 세 가지로 정리한다.

1) 성경은 먼저 인간의 일이 아닌 하나님의 일을 하여야 한다고 말한다.

네가 하나님의 일을 생각하지 아니하고 도리어 사람의 일을 생각하는도다 하시고(마 16:23).

하나님의 일은 사람의 일과는 다르다. 우리의 진정한 행복은 인간의 일을 하는 데 있지 않고 하나님께서 원하시는 일을 하는 데 있다. 나의 일, 너의 일, 가족의 일, 회사의 일, 국가의 일이 아니라 하나님의 일을 하는 것에 인생의 참 보람이 있다.

2) 다음으로 우리는 하나님을 위한 노동을 해야 한다.

그런즉 너희가 먹든지 마시든지 무엇을 하든지 다 하나님의 영광을 위하여 하라(고전 10:31).

우리의 노동이 하나님과 함께 하는 진정한 노동이 되려면 하나님을 위한 곧 하나님의 영광을 위한 노동이 되어야 한다. 돈을 버는 것을 중히 여기는 것보다, 하나님께 영광 돌리는 일을 할 때 우리는 참 행복에 이르게 된다.

3) 마지막으로 성경은 하나님의 힘에 의한 노동을 강조한다.

> 만일 누가 말하려면 하나님의 말씀을 하는 것 같이 하고 누가 봉사하려면 하나님이 공급하시는 힘으로 하는 것 같이 하라(벧전 4:11).

우리는 하나님의 도우심을 통해 우리의 일을 해야 한다. 하나님의 일은 사람의 지혜나 힘으로 감당되는 것이 아니며 하나님의 힘과 능력에 의해서만 감당되어질 수 있다.

6. 열매 맺기

> 일(노동)의 결국을 다 들었으니 하나님을 경외하고 그의 명령들을 지킬지어다 이것이 모든 사람의 본분이니라 하나님은 모든 행위와 모든 은밀한 일을 선악 간에 심판하시리라(전 12:13).

하나님을 경외하여 계명을 지키는 것에 참 노동의 행복이 주어진다. 하나님을 경외하고 그 명령을 지켜나가는 일을 하는 것이 주님을 기쁘시게 하고 그에게 영광 돌리는 일이 된다는 것이다.

이에 있어 하나님의 우리에 대한 명령은 다른 것이 아니다. 이웃을 내 몸과 같이 사랑하는 것이다. 전도서 3장 12절은 "사람들이 사는 동안에 기뻐하며 선을 행하는 것보다 더 나은 것이 없는 줄을 내가 알았고"라고 한다. 이웃을 사랑하는 선행으로서의 봉사의 일을 하길 시작하면 삶의 허무에서 벗어나게 된다는 말씀이다. 우리의 성공은 나를 위해 무엇을 쌓았느냐는 것에 있는 것이 아니라, 남을 위해 내가 얼마나 쌓았느냐에 있다. 남을 행복하게 못하는 자는 자기 스스로도 행복해질 수 없다.

전도서는 결론은 다음과 같다.

전도서 11장 1-2절 말씀이다.

> 너는 네 떡(bread)을 물 위에 던져라 여러 날 후에 도로 찾으리라. 일곱에게나 여덟에게 나누어 줄지어다 무슨 재앙이 땅에 임할는지 네가 알지 못함이니라.

이 본문은 해석이 쉽지 않은 본문으로, 한경직 목사님께서 좋아하셨던 본문이다. 빵을 물 위에 던지면 그것이 자기에게 돌아온다는 말씀이다. 빵을 물 위에 던지면 물에 떠내려가 아무 것도 남지 않는 것 같아 보이지만 그렇지 않다. 자신의 먹을 것을 떠내려가는 강물 위에 던지듯이 자신의 것을 가지고 남을 위해 베풀 때 곧 일곱에게나 여덟에게 나누어 줄 때 그것이 자기에게 행복으로 돌아오게 된다는 말씀이다.

예전 이집트 사람들은 씨를 나일강에 뿌렸다. 나일강에 씨를 뿌릴 때에는 그 씨를 버리는 것 같지만 실상은 그렇지 않다. 나중에 그에게 큰 수확으로 돌아오게 된다. 남을 위해 베푸는 것도 그렇다. 남을 위해 수고하는 것이 얼 듯 보면 손해인 것 같지만 나중엔 더 큰 행복이 되어 돌아온다. 전도서는 일상의 노동에 행복이 있다고 말함과 동시, 그 일에서 참 행복을 얻으려면 하나님을 경외하고 그 말씀에 따라 이웃 사랑의 실천을 해야 함을 강조하는 책이다. 인간의 행복은 메아리와 같다. 남을 행복하게 하는 일을 하는 사람은 그에 대한 반향으로 자신도 행복해지게 되는 것이다.

7. 열매 나누기

1) 행복은 일상에 있다는 전도서의 행복론을 다시 생각하여 보자.

2) '하나님의 일'과 '인간의 일'을 비교하자.

3) 어떤 사람의 일은 돕고 싶으나 또 다른 사람의 일은 돕고 싶지 않은 경우가 있다. 어떤 사람들의 일을 돕고 싶은지 말해보자.

4) 우리의 힘에서가 아니라 하나님의 힘에 의해 일을 한다는 말의 의미를 다시 숙고해보자.

5) 삶의 허무함을 극복하는 방법은 무엇인가?

8. 참고문헌

1) 전병욱. 『파워 전도서: 복음의 진수로 인생의 최고가치를 확인한 크리스천의 감격』. 서울: 규장, 1998.

2) 전정현. 『전도서에 나타난 하나님 경외사상』(미간행석사학위논문). 서울: 한신대학, 1980.

3) Brown, William P. *Interpretation: Ecclesiastes.* Louisville: John Knox Press, 2000.

4) Christianson, Eric S. *A Time to Tell-Narrative Strategies in Ecclesiastes* (Journal for the Study of the Old Testament supplement Series 280). Sheffield: Sheffield Academic, 1998.

5) Ellul, Jacques. *Reason for Being: A Meditation on Ecclesiastes,* trans. by Joyce Main Hanks. Grand Rapids: Eerdmans, 1990.

6) Fox, Michael V. *A Time to Tear Down and a Time to Build Up: A Rereading of Ecclesiastes.* Grand Rapids: Eerdmans, 1999.

7) Longman III, Tremper. *The Book of Ecclesiastes.* NICOT. Grand Rapids: Eerdmans, 1997.

8) Perry, T. A. *Dialogues with Kohelet: The Book of Ecclesiastes.* University Park, Penn.: The Pennsylvania State University Press, 1993.

9) Seow, Choon-Leong. *Ecclesiastes.* AYB. New Haven: Yale University Press, 1997.

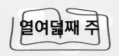

열여덟째 주

아가

남녀 간의 진정한 사랑을 노래함

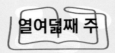

열여덟째 주

아가: 남녀 간의 진정한 사랑을 노래함

　아가서는 해석이 쉬운 책이 아니다. 다양한 아가서를 해석하는 방식들이 있다. 여러 면으로 해석이 가능하지만 아가서가 남녀 간의 사랑을 중요 주제로 상정하고 있다는 것에 대해서는 이견이 없을 것이다. 남녀가 좋아하고 사랑하고 결혼한다는 것의 의미가 무엇인지를 아가서는 설명하고 있는바, 여러 원인들이 있겠지만 오늘과 같은 연예와 결혼과 자식 생산을 포기하는 시대에 아가서가 주는 교훈은 우리에게 무척이나 소중하다. 무엇이 남성과 여성을 서로 끌리게 하는지를 설명하며 아가서는 다른 성의 몸과 성적인 매력에 대한 끌림의 아름다움에 대해 말한다. 이성과 함께 하는 것의 희열과 따스한 감정이 우리 인류에게서 사라지게 될 때, 정말 우리의 삶은 척박해질 것이라 생각한다. 아가서 2장 5절은 "내가 사랑함으로 병이 생겼음이라"라는 말씀이 있다. 우리가 젊었을 땐 이성을 그리며 상사병에 걸린 친구들도 꽤 많았는데, 요즈음엔 그런 애틋한 사랑들이 많이 사라진 것 같다. 너무나도 자극적인 성에 대한 영상들도 많아 이성과의 터치는 별 자극이 되지 않는 것이 오늘의 현실로, 과거의 순수했던 시대로 다시 돌아감이 필요한 것 같다.

1. 씨알 고르기

1) 요절   아가 8장 7절

> "많은 물도 이 사랑을 알지 못하겠고 홍수라도 삼키지 못하나니 사람이 그의 온 가산을 다 주고 사랑과 바꾸려 할지라도 오히려 멸시를 받으리라."

2) 주제: 남녀 간의 진정한 사랑을 노래함

2. 뿌리내리기

아가란 말은 '노래 중의 노래'(Song of Songs, 가장 아름다운 노래)란 뜻이다. 이 말에서와 같이 남녀 간의 사랑에 대한 노래가 노래 중에 으뜸이다. 대부분의 유행가 가사들이 남녀 간의 사랑을 묘사하고 있는데, 남녀 간의 사랑만큼 아름답고 애절한 주제가 또 없을 것이라 생각한다. 우리의 인생 중 남녀 간의 사랑과 교제의 내용이 없다면 정말 우리의 삶은 무미건조해질 것이다. 우리는 이 아가서에서 남녀 간의 순전하고 아름다운 사랑의 이야기를 배우게 된다. 이 같은 아가서에 대한 여러 가지의 해석들이 있다.

1) 알레고리(풍유적) 해석: 두 인물이 중심인데 솔로몬 왕(하나님)과 목녀(shepherdess)인 술라미 여인(이스라엘 백성) 간의 사랑을 언급하는 것이다. 가난한 시골 출신의 처녀가 솔로몬 왕을 사랑하고 그와 결혼하게 된다는 일종의 드라마로 역사적 사실을 바탕으로 한 것이라는 주장도 있다.

2) 상징적 해석: 기독교인과 예수 그리스도 사이의 사랑을 말하는 것이다.

3) 자연적 해석: 사실주의적 문자적 해석으로 단순한 남녀 간 사랑의 노래로 본다.

4) 인류학적 해석: 이방의 풍요제 중의 거룩한 결혼 의식에 해당하는 제의의 과정에 대한 설명이다.

5) 문학적 해석: 아가서는 하나의 드라마로서 세 인물 나온다. 솔로몬왕, 술라미 여인(Shulammite), 술라미 여인의 목자 애인의 세 인물이 주인공인 드라마로, 결국 다시 이전의 애인인 목자(the shepherd lover)에게 돌아간다는 이야기다(아 6:13, 7:11). 우리나라의 신파극 '심수일과 이순애'의 스토리를 연상케 한다.

6) 사회적 해석: 결혼식 때 사용한 사랑의 노래로 결혼식의 날들이 지나감에 따른 사랑의 깊어짐을 묘사하는 노래라는 해석이다.

3. 줄기 세우기

아가서는 연인을 만나 결혼을 하며 사랑이 깊어지는 단계에 대해 설명한다. 그것은 성도와 예수 그리스도의 만남을 유비하기도 한다. 아가서엔 "예루살렘 딸들아.... 내 사랑하는 자가 원하기 전에는 흔들지 말고 깨우지 말지니라"(2:7, 3:5, 8:4)는 문장이 반복되는데, 이 말이 문단을 나누는 단서가 된다.

장절	대구분	소구분	설명
1:1	사랑에 매혹 됨 (연애의 단계)	이 책의 제목: 아가 (the song of songs, 가장 아름다운 노래)	아가 1장 1절("솔로몬의 아가라."), 유행가들의 가사들은 많은 경우 남녀 간 사랑의 노래로 되어 있다.
1:2-2:7		사랑에 이끌림(아 2:5, "내가 사랑함으로 병이 생겼음이라.")	아가 2장 2절, 술라미 여자를 보고 매혹됨과 동시, 그 사랑스런 사람의 모습을 그림
2:8-3:5		사랑에의 갈망과 구애 (아 2:10)	아가 3장 4절, 사랑하는 자를 자기 집에 초대하며, 동시 서로 헤어지는 첫 번째의 꿈을 신부가 꾸고 있다(아 3:1-5).

장절	대구분	소구분	설명
3:6-11	결혼식에 이름	결혼식	아가 3장 11절이 단서, "보라 혼인날 마음이 기쁠 때에."
4:1-5:1		신방에 드는 첫날 밤의 신부의 모습을 그림	아가 4장 7절, "나의 사랑 너는 어여쁘고 아무 흠이 없구나."
5:2-7:10	첫날밤이 끝남	사랑을 나눈 후에 느끼는 신랑과 신부의 사랑스런 모습(신랑의 모습: 5:8-6:3, 신부의 모습: 6:4-7:10)	사랑의 갈등에 대해서도 묘사하는데, 아가 5장 2-7절은 신부가 서로 헤어지는 두 번째의 꿈을 꾸는 모습이 나타난다.
7:11-8:4	신부와의 고향(처가집) 방문과 사랑의 성숙	깊어지는 결혼생활	아가 7장 11절, "내 사랑하는 자야 우리가 함께 들로 가서 동네에 유숙하자."
8:5-14		사랑의 성숙	아가 8장 5절, "그 사랑하는 자를 의지하고 거친 들에서 올라오는 여자가 누구인고"(아 8:7 참조).

4. 가지 뻗기

아가서는 일종의 노래다. 옛날 우리나라의 판소리 춘향전과 같이 본래는 곡조가 있는 시이다. 오늘 우리의 가요가 주로 남녀 간의 사랑에 관한 노래이듯, 이전의 노래들도 상당 부분 남녀의 사랑을 주제로 하였던 것 같다. 특히 아가서는 궁중의 연회 시 춤과 함께 궁중 가수들에 의해 불려졌던 노래인 것 같은 분위기가 느껴진다. 솔로몬 궁을 배경으로 하여 노래가 쓰인 것에서 그런 분위기를 느끼게 된다. 솔로몬 시대는 이스라엘 민족의 가장 화려했던 시대로서 이 노래를 부르며 이스라엘 민족들은 솔로몬 시대의 풍요와 번영을 회상했을 것이다. 아가서의 내용은 그저 노래만으로 불려졌던 것으로 보이지 않으며, 일종의 오페라와 같이 드라마의 형태로 구성되어 노래와 함께 연기와 춤이 어울려 공연이 되었던 극의 시나리오 같은 것으로 추정된다. 궁중 생활에서의 여흥을 위해 이런 노래가 있는 드라마를 만찬 중 공연하였을 것이라는 추측도 된다.

5. 꽃으로 피어나기

"예루살렘 딸들아…. 내 사랑하는 자가 원하기 전에는 흔들지 말고 깨우지 말지니라"(2:7, 3:5, 8:4)라는 자주 반복되는 문장은 사랑이 강요가 아님을 강조한다. 사랑은 강요거나 구걸이어서는 안 된다. 자기 맘대로 안 된다고 상대를 강압적으로 대하는 것은 참된 사랑이 아니다. 이에 아가서는 남을 해방하는 사랑의 의미를 부각시키고 있다. 아가서는 남녀 간의 참된 사랑의 모습을 다음과 같이 정리한다.

1) 먼저 아가서는 육체적 사랑을 경멸하지 않고 있다.

2) 그럼에도 아가서의 사랑은 고상한 모습을 하고 있다. 육체적 아름다움을 탐닉하지 않기 때문이다. 사랑에 대한 추잡

하고 방탕한 묘사가 없다.

3) 아가서에 나타난 이러한 정화된 사랑은 우리를 그리스도에 대한 사랑으로 인도한다.

4) 우리는 아가서에서 남녀 간 사랑에 대한 몇 가지 중요한 교훈을 얻게 된다. 첫째 사랑은 신분을 초월한다(1:5, 6). 둘째 사랑은 상대를 아름답게 본다(5:16). 셋째 사랑은 죽음보다 강한 것이다(8:6). 사랑은 상대를 사모하게 한다(7:10, 5:8).

5) 무엇보다 아가서는 남녀가 데이트로 시작하여 결혼에 골인하여 행복한 삶을 누리게 되는 전 과정들을 묘사한다. 오늘 우리에겐 이런 사랑의 단계적 완성의 기간들이 종종 생략되는데, 건강한 결혼생활을 위해 이런 필요한 단계들이 잘 거쳐질 필요가 있다. 연애의 시간을 갖고, 서로의 집에 방문하여 부모님께 인사드리고, 약혼하고, 결혼식을 준비하고, 결혼식을 마친 후 신혼여행을 통해 첫날 밤을 갖고, 신혼여행에서 돌아와 처갓집과 시댁에 인사하고 하는 절차들이 시간을 두고 잘 정돈될 때, 우리의 사랑은 더 잘 무르익으리라 생각한다. 무엇보다 결혼을 너무 급히 서두르지 않고 어느 정도의 연예의 기간을 갖는 것이, 서로를 알고 이해하는 데에 큰 도움이 되는 것임을 말해두고 싶다.

6. 열매 맺기

오늘날 우리의 남녀 간 사랑의 관계가 상당히 왜곡되었다. 진정한 사랑을 통해 결혼하기보다는 정략적이며 경제적인 목적으로 결혼하는 경우들도 자주 본다(아 8:7). 특히 결혼정보회사를 통한 결혼이 늘고 있으며, 그 내용을 보면 이해관계를 상당히 중시하는 것 같다. 비슷한 경제력을 가진 사람들을 맺어주는 기관이 결혼상담소라 볼 수 있는데, 이런 결혼들이 과연 행복할까 하는 생각이 든다. 더 왜곡된 남녀 간의 사랑의 모습이 동성애다. 동성애는 성적 쾌락을 탐닉하는 끝판왕 같은 것인데 남녀 간의 정상적 결혼생활에 치명상을 준다.

여기서 우리는 결혼생활의 행복과 아름다움을 다시 생각해 보아야 할 것 같다. 사실에 있어 자기 부인의 몸을 보며 아가서와 같은 감탄을 하기는 쉽지 않다(아 5:10-16 등). 그 정도가 되려면 정말 팔등신 같은 균형 있는 몸매를 가져야 할 것이다. 많은 여성들의 경우 아기를 낳으면 몸무게가 늘어 아가서와 같은 찬탄을 받는 것이 거의 불가능하게 된다. 그러면 아가서는 특별한 미녀에만 해당하는 말씀일까 하는 의문이 생기게 된다. 이 같은 아가서의 기준에 맞추기 위해 우리들은 엄청난 음식 조절과 피트니스를 해야 하며 상당한 성형이 필요할 것이라 예상된다.

이에 있어 자신의 아내를 정녕 정신적으로 사랑하게 되면

균형이 안 맞는 몸에 대해서라도 이 같은 칭송을 하게 되는 것인지 다시 묻게 된다. 하지만 남성이 여성에 대해 정신적인 프라토닉 러브를 한다고 할지라도, 얼굴과 몸매가 환멸적인 여성에 대해 아가서와 같은 찬탄을 하는 것은 쉽지 않을 것이다. 이에 남성이나 여성들 모두 자기의 몸을 가꾸는 것에 어느 정도 관심과 책임을 갖고, 남에게 환멸감은 주지 않을 정도로 관리하는 것이 필요하다 할 수 있을지 모르겠다.

아무튼 아가서는 육체적 아름다움이나 성적 욕구를 영적인 것이 아니므로 천하다고 하지 않는다. 아가서는 육적 쾌락주의나 성적인 금욕주의 양극단을 피하며, 비속하지 않은 남녀 간의 성적인 친화성에 대해 묘사한다. 어느 정도의 성적인 기쁨이나 쾌감을 인정하지만 그에 탐닉하여 성도착자와 같이 되는 것은 경계하기도 한다. 아가서는 특히 이성 간의 몸의 끌림을 중시한다. 정신적으로 하나 되는 것도 소중한 것이지만, 몸으로 교감하여 하나 되는 것 또한 결혼생활과 남녀 간의 사랑에 있어 중요한 것으로, 우리는 이러한 남녀 간의 에로스를 아가페 사랑과 함께 소중히 여겨야 할 것이다.

> 이러므로 남자가 부모를 떠나 그의 아내와 합하여 둘이 한 몸을 이룰지로다(창 2:24).

마태복음 5장 28절은 이르길, "나는 너희에게 이르노니 음욕을 품고 여자를 보는 자마다 이미 간음하였느니라"라고 한다. 이 말씀에서와 같이 여성의 육체에 대해 어느 수준까지 찬미하는 것이 적절한 것인지 판단하는 것이 필요하다. 그런 묘사가 성적 욕망이 위주가 되는 천한 것이 될 수도 있으며, 아니면 예술적인 경지에서의 미에 대한 감탄이 될 수도 있기 때문이다. 예술의 역사를 보면 남녀 간의 사랑과 성이 아름다움을 표현하는 주요한 대상이 되어 왔는데, 그 같은 예술적 경지에 다다르려면 천박한 욕망의 시각을 넘어서야 할 것이라 생각한다.

한 여성이나 남성이 다른 성을 가진 사람들에게 동경과 찬탄의 대상이 되는 것은 쉽지는 않다. 어느 여성을 보면 아름다움이나 교양미, 더 나아가 인품에 있어 탁월하여 저절로 고개가 숙어질 때가 드물게 있기도 한데, 이런 인간미와 아름다움을 겸비한다는 것은 정말 쉬운 일은 아닐 것 같다. 그리고 저마다 타고난 유전적 제한이 있으므로 아무리 가꾸어도 그 한계에 직면하게 되는바, 그러한 외적인 한계를 극복하여 우리의 아름다움을 영적으로 승화하는 또 다른 길을 찾아야 할 것이다. 잠언의 말씀으로 아가서의 단상을 마치고 싶다.

고운 것도 거짓되고 아름다운 것도 헛되나 오직 여호와를 경외하는 여자는 칭찬을 받을 것이라(잠 31:30).

7. 열매 나누기

1) 이성 간 그릇된 사랑의 원인이 무엇인지 말해보자.

2) 연애 시에 꼭 해보아야 하는 필수적인 것들이 무엇인지 생각해보자.

3) 아가서에 나타나는 남녀 간의 사랑을 우리에 대한 그리스도의 사랑과 연관해보자.

4) 아가서에 나타난 진정한 남녀 간의 사랑의 모습들에 대해 더 논의해보자.

5) 자녀를 생산하는 것 외의 목적으로 성적인 접촉을 하는 것이 타당한가, 아니면 그릇된 것인가?

8. 참고문헌

1) Longman Ⅲ, Tremper. 『아가』 (NICOT 시리즈), 권대영 역. 서울: 부흥과개혁사, 2018.

2) Garrett, Duane A. 『아가, 예레미야애가』 (WBC 시리즈), 채천석 역. 서울: 솔로몬, 2010.

3) Brenner, A. *Old Testament Guides: The Song of Songs.* Sheffield: Sheffield Academic Press, 2001.

4) Murphy, Roland E. "Form-Critical Studies in the Song of Songs," *Interpretation*, vol. 7 no. 4 (1973. 10.), 413-422.

5) Parsons, Greg. W. "Guidelines for Understanding and Utilizing the Song of Songs," *Bibliotheca Sacra,* vol. 156 no. 624 (1999. 10-12.), 399-422.